東方神起

우당탕 응원 에세이

All About
동팬심리

글 · 그림 **유우코** Yuko.I

아카데미북

지은이 유우코 Yuko.I
동방신기 팬이 된 지 3년째인 일러스트레이터로, 색연필로 그리는 일러스트를 특히 좋아한다. 〈Sketchbook of colored pencil〉이라는 동방신기 일러스트 전용 블로그를 운영 중이며, 아직 한국어가 서툴지만 네이버에 한국어 버전 블로그도 운영하고 있다.

옮긴이 홍윤주
명지대학교 문예창작과를 졸업하고 라수일본어연구소에서의 유학 경험을 살려 현재 전문 번역가로 활동하고 있다. 옮긴 책으로 《인생이 변하는 순간》이 있다.

東方神起 우당탕 응원 에세이
All About 동팬심리

지은이 유우코(YuKo.I)
펴낸이 양동현
펴낸곳 도서출판 아카데미북
　　　　출판등록 제 13-493호
　　　　136-034, 서울 성북구 동소문동4가 124-2
　　　　대표전화 02) 927-2345 **팩스** 02) 927-3199

초판 1쇄 발행 2009년 7월 30일
초판 2쇄 발행 2009년 8월 10일

ISBN 978-89-5681-095-9 / 03830

All About TONPEN SHINRI
copyright ⓒ 2009 YuKo. I. All rights reserved.
Originally published in JAPAN by SOFTBANK Creative Corp.,
and ACADEMYBOOK, Seoul Through PLS Agency.
Korean translation edition ⓒ 2009 by ACADEMYBOOK, Korea.

이 책의 한국어판 저작권은 PLS 에이전시를 통한 소프트뱅크와의 독점 계약으로 도서출판 아카데미북이 소유합니다. 신저작권법에 의해 국내에서 보호를 받는 서적이므로 무단 전재와 복제를 금합니다.

잘못 만들어진 책은 구입한 곳에서 바꾸어 드립니다.

www.academy-book.co.kr

독자들에게

나는 일러스트레이터로 동방신기를 열렬히 추종하는 광팬이다. 더 정확히 말하자면 본업은 동방신기(東方神起) 팬이고, 시간이 날 때 일러스트를 그린다. 즉 동방신기 멤버들의 일러스트를 그리는 데 대부분의 시간을 할애하는 것이다. 완성된 일러스트는 블로그에 올려 팬 아트 갤러리로 가꿔 나가고 있다. 처음에는 블로그에 올려 둔 일러스트와 콘서트 자료 등을 모아 한 권의 책으로 만들려고 했다. 다시 말해 블로그 책을 기획한 것인데, 막상 뚜껑을 열어 보니 문장의 70%를 새롭게 고치고 일러스트도 추가해야 했다. 결국 1/3 정도만 블로그 책이라고 할 수 있는 형태가 되어 버렸다.

원래 이 블로그의 목적은 내가 그린 비즈니스용 일러스트를 올려 두고 소개하려는 것이었다. 완성된 작품을 인터넷을 통해 알리고 싶었던 것이다. 물론 홈페이지를 만들면 되지만 그렇게까지 일을 크게 벌이고 싶지 않았고, 쉽게 업로드할 수 있는 블로그가 편할 것 같았다. 그래서 카테고리 명도 'My works'

등과 같이 비즈니스를 위한 작품 소개가 중심을 이뤘다. 즉 잡지에 게재할 목적으로 그린 배용준 일러스트, 이동건 일러스트 등이 블로그에 올려졌다.

동방신기 일러스트도 처음에는 그중 하나였다. 그런데 동방신기 카테고리가 금방 비좁아졌다. 그래서 멤버별로 개인 폴더를 만들게 되었다. 그러자 이번에는 비즈니스를 위한 일러스트 작품보다 개인 일러스트가 훨씬 더 많아지게 되었다. 어느덧 '비즈니스를 위한 작품은 그만 그리고 싶다.'는 생각이 들었고, 블로그에서 비즈니스 작품들을 하나씩 지워 나갔다. 그러다 보니 비즈니스와 관련된 사람들에게 소개하기에는 부끄러운 블로그가 되고 말았다. 그저 유행을 좇는 동팬(일본 팬들은 한국말인 '동방신기 팬'을 줄여 동팬이라고 한다.—역자 주) 폴더가 되고 만 것이다. 실제로 잡지 편집부나 일러스트 에이전시의 관계자들도 블로그를 보더니 "유우코만의 독특한 세계를 본 것 같다."며 고개를 끄덕였다.

블로그에 그림만 올려 두니 조금 심심하고 따분해 보였다. 그래서 콘서트 등을 다녀오면 리포트 같은 글을 써서 함께 올려두곤 했다(채 흥분이 가라앉지 않은 상태에서 글을 썼기 때문에 당연히 문장은 길고, 좋은 글이라고도 할 수 없었다). 그런데 그림보다 글을 읽으러 오는 사람들이 더 많았고, 댓글도 많이 달리기 시작했다. 기뻐해야 할지 슬퍼해야 할지 모르는 복잡한 심경이었다. 하지만 어쨌든 내 블로그를 방문하는 사람들이 즐거워한다면 다행이라는 단순한 생각에 계속 글을 올렸다. 점점 비즈니스적인 분위기는 사라지고(⌣) 본격적으로 즐기기 위

한 블로그로 바뀌어 갔다.

　그나마 1/3 정도만 블로그 책 같다고 언급했는데, 이 책도 결국에는 내가 직접 수정했으니까 기본적인 콘셉트는 블로그와 유사하다고 할 수 있다. 무엇보다도 동방신기 팬들이 이 책을 재미있게 읽어 준다면 더 이상 바랄 것이 없다. 블로그에는 이 책에 미처 싣지 못한 더 많은 일러스트들이 올려져 있다. 시간이 날 때 방문해 준다면 언제든 대환영이다.

2009년

유우코

차례

사방팔방 신출귀몰한 최근의 생활	8
블로그 'Sketchbook of colored pencil'	13
캐릭터를 그리게 된 계기는 니모 유천	21
Let's try! 캐릭터 일러스트	24
동방신기 비기스테이션	29
재중, 총 맞은 것처럼	33
캐릭터들은 부모의 고생을 모른다	40
팔랑팔랑 만화	49
번역기의 기분, 사전에는 없는 단어들	51

NAVER에 블로그를 만들다	57
동네방네, 목숨을 건 참전	68
지유루, 유학생 신분으로 일시 귀국	76
美(미)스틱, 미스테이크	82
아아, 부정적인 사고	88
나고야 공연—최초 원정 1	91
나고야 공연—최초 원정 2	97
동방견문록—첫 서울 콘서트	103
편의점에서 이상한 사람이 되다	112
행운의 MIROTIC PARTY	116

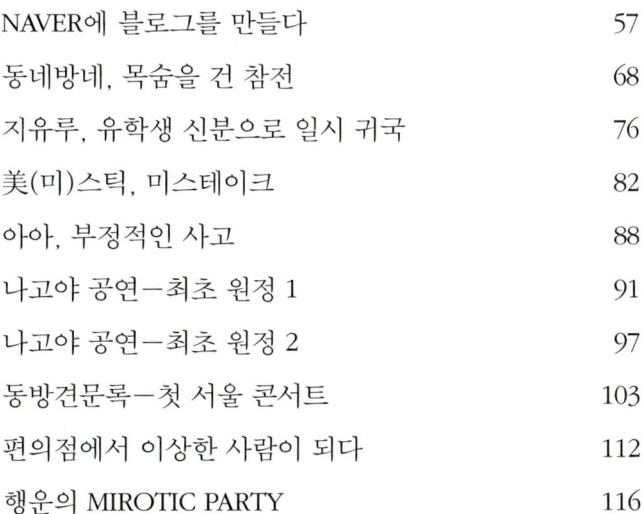

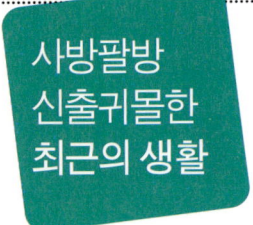

사방팔방
신출귀몰한
최근의 생활

왠지 점쟁이가 사용하는 괴상한 사자성어풍의 제목처럼 느껴진다. 하지만 최근의 내 생활을 돌아보면 100% 동방신기와 관련된 일에 온통 정신이 팔려 있다.

동방신기에 관한 일러스트를 그리는 것은 내가 동방신기 팬이 되었을 때부터 꿈꿔 왔던 일이다. 이 때문에 아무도 봐 주지 않더라도 꾸준히 일러스트를 그릴 수 있었다. 시간이 나면, 아니 시간을 억지로 만들어서라도 혼자 집에 틀어박혀 그림을 그렸다. 그 결과 많은 양의 일러스트를 완성할 수 있었다. 그렇게 3년 정도 시간을 보내다 보니 작품이 100장을 훌쩍 넘어섰다. 그러던 어느 날, 한 출판사의 편집장에게 전화가 걸려왔다.

편집자 : 책을 내 보지 않겠습니까?

나 : 네?

편 : 책 말이에요, 책.

나 : 네? 무슨 책이요?

편 : 동방신기 책이요.

나 : 네? 정말이요?

편 : 네, 정말입니다.

나 : 우와~

'사람이 놀라면 이렇게 소리를 지르게 되는구나!' 라는 생각과 동시에 무엇을 어떻게 해야 할지 갈피를 잡을 수 없었다. 그러나 제안은 기꺼이 받아들였다. 그날부터 나는 사방팔방 신출귀몰하는 생활을 하게 되었다.(동쪽뿐만 아니라 사방을 돌아다녔다.)

집 안에는, 일단 가족들을 배려해서(!) 동방신기와 관련된 물건은 탁상 달력 외에는 아무것도 들여놓지 않았다.(한국과 일본 달력 2개지만 말이다.) 일러스트는 커녕 포스터나 카드도 찾아볼 수 없다. 그러나 지금은 상황이 달라졌다. 책을 쓴다는 것은 바로 비즈니스를 한다는 뜻이다. 따라서 아무런 스스럼없이 자료들을 당당하게 풀어놓는다. 집안 곳곳에 동방신기의 자료들을 말이다.

굳이 이들 자료에 대해 말하자면, 전부 자비로 구입한 것들이다. 그래서 담당 편집장에게 이 자료들을 빌려주는 여유까지 부릴 수 있었다. 그것은 마치 익숙

한, 그리고 풍부한 재료를 갖고 자유롭게 새로운 요리를 창작하는 요리사와 같은 기분이었다.

컴퓨터 바탕 화면도 동방신기, 책상 위에도 동방신기, 틀어 놓은 음악도, 보고 있는 DVD도, 그리고 일러스트도 온통 동방신기다. 걸려오는 전화마저도 동방신기 팬인 친구들뿐이고, 문자도 마찬가지다.

평소 책에 삽입할 일러스트를 한 장 완성한 다음에는 블로그에 올릴 동방신기를 그린다. 그러면서 '요즘은 책을 위한 동방신기 일러스트를 그리느라 블로그용 동방신기를 전혀 그릴 수가 없다.'는 과분한 투정을 부려보기도 한다. 또 원고 하나를 다 쓰면 녹화만 해 놓고 미처 보지 못했던 DVD를 보거나 인터넷 사이트를 서핑하기도 한다.

일단 나는 나 스스로 공과 사를 잘 구분할 줄 안다고 생각한다. 다른 사람들이 보기에는 바쁜 건지 한가한 건지 전혀 구분이 안 되겠지만 말이다.

동방신기를 그릴 때의 표정은 비즈니스 작품을 그릴 때와 전혀 다르다. 미간에 주름이 잡히는 일도 없다. 마치 온화한 부처님 같은 얼굴을 하고 앉아 작업을 한다. 입은 걸핏하면 헤 벌어져서 늘 턱을 받치고 자료를 찾는다.(이제는 얼굴 근육도 단련됐다.) 그렇다 보니 '커리어 우먼'(사실 나에게는 초등학생 딸아이가

사방팔방 신출귀몰한 최근의 생활 **11**

한 명 있다.)의 카리스마는 전혀 찾아볼 수 없다.

그러나 나는 한가해 보여도 꽤 바쁜 사람이다. 이번에는 책의 한쪽 구석에 만화를 그려 넣기로 했다. 〈MIROTIC〉의 댄스 동작을 살펴보기 위해 돈 주고 구입한 엄연한 '자료'인 DVD를 보기 시작했다. 그러나 이는 결코 해선 안 될 일이었다. 한 해를 마무리하는 대청소를 해야 날에, 결국 동방신기 앨범을 정리하느라 시간을 다 보내 버린 것이다!!! '시간의 마법'에 걸렸는지, 정신을 차렸을 때는 이미 2시간 반이나 지나 있었다. 눈앞에 있던 하얀 종이는 여전히 하얀 종이 그대로였다. 결국 마지막에 머릿속에는 〈PROUD〉의 멜로디가 맴돌았고 (MIROTIC은 어디로 갔는지?), 눈동자는 감동으로 글썽거리고 있었다.(세컨드 라이브인 무도관 DVD를 봐 버렸다. / 완전히 다른 DVD를 본 것이다. / 다들 잘 알다시피 세컨드 라이브 때 MIROTIC은 아직 모양도, 형태도 없었다.)

이대로는 안 되겠다 싶어 마음을 다잡고 다시 한 번 하드 디스크를 검색해 보려던 찰나, 옆에서 물끄러미 보고 있던 딸이 'DVD를 끄지 말라!'며 클레임을 걸어 왔다. 그래서 어떻게 됐냐 하면, "그래? 그럼 계속 보자!"하고 말해 버렸다. 이것이 바로 나의 약점이다. 분명히 말하지만, 알고 있어도 전혀 개선되지 않는다.

그렇게 나는 고등어 조림 마냥 동방신기에 흠뻑 절어 산다. 그럼에도 불구하고 결코 '이제 질렸다'는 말은 한 번도 나오지 않는다. 그뿐일까. 이 책의 작업

우리 집에는 매년 한국과 일본의 탁상 달력을 올려놓는다. 일본의 것은 weekly이고 한국 것은 monthly이다. 한국판은 멤버들의 다양한 표정이 삽입되어 있어서 보기만 해도 즐겁다. 표정을 따라해 보고 싶은 유혹에 빠지기도 한다.

이 끝나기만 하면 전국 투어를 할 참이다. 그들을 따라가서 그들을 봐야 힘을 얻을 수 있기 때문이다.

이처럼, 전 아시아적으로 대유행하고 있는 '유행 바이러스'에 나는 비교적 이른 시기에 감염되었지만, 아직까지 나을 기미가 보이지 않는다. 마치 겨드랑이에 체온계를 꽂고 '조금만 더 이대로 감기에 걸려서 열이 났으면 좋겠다.'며 아쉬워하는 어린아이처럼, 이대로 잠시 미열인 채 있고 싶은 것이다.

블로그
'sketchbook of colored pencil'

이 책에는 캐릭터 종류의 일러스트만 실려 있다. 그렇지만 내 블로그 〈Sketchbook of colored pencil〉에는 이름만큼이나 색연필로 리얼(!?)하게 그려진 일러스트가 많다. 작품 수도 그쪽이 훨씬 많다. '모조 동방신기(완벽하게 닮지 않았다.)'나 '어쨌든 동방신기(미묘하게 다를 수도 있다.)'까지 합치면 족히 100장이 넘는 일러스트가 우리 집에서 잠자고 있는 것이다.

이 그림들을 다 보여 주고 싶은 마음은 굴뚝같다. 하지만 아쉽게도 여러 가지 사정 때문에(너무 잘 그려서일까? 농담^^) 이 책에는 싣지 못했다. 그렇지만 이 자리를 빌어서라도 비하인드 스토리(behind story)를 한번 공개해 볼까 한다.

나는 그림 도구 중에서 색연필을 가장 좋아한다. 초·중학교 시절에는 색연필로 백지 지도에 '콘 벨트'나 '태평양 벨트'와 같은 곳에 색을 칠해 넣기도 했다. 여름 방학 생활 계획표에도 '공부, 수면, 집안일 돕기(실제로는 하지 않으면

서)' 등을 구분하기 위해 색을 칠하기도 했다. 어쨌든 나는 '칠한다'고 하는 작업에 색연필을 주로 사용했다. 그런데 내용이 내용인지라 즐겁다는 생각은 전혀 들지 않았다. 그러다 우연히 그림 공부를 하던 중에 수채 색연필이라는 도구를 만나게 되었다. 그때부터 나의 운명도 바뀌기 시작했다.(조금 오버했나?)

수채 색연필은 그 이름만으로도 알 수 있듯이 당연히 수성(水性)이다. 수채 색연필로 그림을 그린 다음 붓에 물을 묻혀 덧그리면 수채화 같은 멋이 난다. 이것이 수채 색연필의 장점이다. 하지만 내 경우는 케이스에서 색연필을 꺼냈다가 사용한 뒤에 손쉽게 정리할 수 있다는 점에 끌렸다. 굳이 버킷이나 붓, 걸레 같은 도구들을 늘어놔야 하는 번거로움이 싫어 물은 일절 사용하지 않는다.

또 다른 이유는, 내 그림은 물에 젖으면 망가지기 때문이다. 그래서 그림을 그릴 때는 음료수도 마시지 않는다. 커피를 마실 때도 뚜껑 달린 컵을 사용한다. 딸이 학교에서 돌아와 거실 테이블에 앉아 차와 간식을 먹기 시작하면, 나는 서둘러 높은 곳으로 피난을 간다.

나는 그림을 그린 다음에는 색연필 가루가 종이에 잘 스며들도록 물 대신 티슈로 문질러 준다. 만일, 이때 테이블 위에 코를 푼 티슈라도 있어서 그걸 사용하게 된다면 매우 난감한 상황이 된다. 콧물도 엄연히 수분이기 때문이다. 코를 푼 티슈는 곧바로 휴지통에 버려야 한다. 무엇보다도 동방신기 얼굴에 콧물

블로그 'sketchbook of colored pencil' **15**

http://coppe0630.exblog.jp/

을 묻힌다는 건 있을 수 없는 일이다.(실제 있었던 일 같지 않은가? 괜찮다. 실패작이
었으니까.)

수채 색연필 심은 가루의 입자가 매우 곱고 기름기가 없어서 쓰기 편하다. 나
는 그 점에 홀딱 반해 버렸다. 하지만 이것도 온도와 습도, 계절, 날씨 등의 상
황에 따라 요령 있게 잘 사용해야 한다. 그렇지 않으면 토라져 버리기 때문이
다.(양조장 주인 같은 대사로군.――) CG에서는 이토록 아날로그적인 그림이 나올
수 없다. 이 또한 수채 색연필의 장점이다.

색연필은 온갖 종류의 브랜드를 다 사용해 보았다. 그중에서 괜찮은 것을 몇 개 산 다음 심의 단단한 정도와 색의 궁합 등을 살핀다. 그래서 쓰기 좋으면 큰 맘 먹고 세트로 사 버린다. 그러나 요즘에는 동방신기와 관련된 지출이 많아 이쪽으로 예산을 돌릴 수가 없다.

요새 주로 사용하는 것은 '스타비로 사'의 단단하고 입자가 고운 수채 색연 필이다. 이 스타비로 수채 색연필 세트는 색에 따라 미묘한 차이가 있다. 특히 마음에 드는 건 일명 '낙타색'이라고도 부르는 갈색이다. 왜 낙타색이라고 부르는 걸까? 그 이유는 '카멜'과 같은 멋진 느낌이어서가 아니다. 진짜 '아저씨들의 낙타 색 셔츠 같은 색상'이기 때문이다.

이 한 자루로 밑바탕의 70% 정도를 그린다. 피부색에 가깝다는 그런 전문적인 이유에서가 아니라 입자가 촘촘하기 때문이다. 이 낙타색 색연필은 마치 어린아이의 피부에 파운데이션을 바른 것처럼 종이에 잘 스며든다. 그래서 나는 이 낙타색을 가장 많이 사용한다. 그리고 항상 여러 개를 사서 모아 둔다.

처음에는 낙타색 색연필로 '이번엔 믹키유천을 그릴 거야.'라며, 누가 봐도 알 수 있을 밑그림을 그린다. 그런 다음 조금 진한 초콜릿색 계열로 농도가 잘 드러나게 한다. 보라색으로는 좀 더 어두운 부분을 그려 넣는다. 점점 윤곽이 확실해지면 옷에 고유색을 입힌다.

블로그 'sketchbook of colored pencil' **17**

나는 이 자리를 빌어 색연필에 대해 한 마디 하고 싶다. 색연필은 칠하는 게 아니라 그리는 것이라고 말이다. 백지 지도의 벨트에 색칠하는 것만이라면 연필을 쳐다보기 싫었을 것이다. 하지만 동방신기라면 기쁜 마음으로 연필을 깎을 자신이 있다.

전문적인 이야기는 이걸로 충분하니(나름 최선을 다해 설명했기 때문에 만족한다.) 슬슬 동방신기에 대한 이야기로 넘어가 보겠다. 동방신기의 팬클럽 이름은 '비기스트(Bigeast)'이다. 이 '비기스트'가 발행하는 회원 정보 잡지에 일러스트 코너가 마련되어 있다. 이 코너에는 독자들도 자유롭게 일러스트를 올릴 수 있다. 나도 당연히 '비기스트' 회원 정보 잡지의 담당자에게 부지런히 일러스트를 보내고 있다. 그러나 아쉽게도 아직까지 채택된 적은 없다.

그런데 그중에 선물을 갖고 돌아온 기특한 녀석이 있었다. 〈"O"—정·반·합〉(3집 앨범/한국)의 유천이 처음으로 대어를 낚아 온 것이다. 바로 동방신기 멤버 5명의 사인이 전부 담긴 부채였다.

이 부채가 도착했을 때였다. 비닐에 싸여 있긴 했지만 왠지 한 번 팔린 적이 있는 물건처럼 보였다. 택배용 대형 박스는 테이프로 한 번 감쌌을 뿐이다. 그 허술함에 실소를 머금고 말았다. 5명의 사인이 비에 젖기라도 하면(수분에 민감하다.) 큰일 아닌가!! 이왕이면 사인까지 봉투에 담아 보내 줬으면 더 좋았을 텐데…….

이 부채는 실제로 우리 집의 가보로 대접받고 있다. 부채라 액자에 넣을 수도 없어서 그대로 간직하고 있다. 돈이 아무리 궁해도 이것만은 절대 내다 팔지 말아야지.

그 후 꽤 많은 시간이 흐른 뒤(그 사이에 몇 명의 자객, 즉 그림을 보냈었다.) 이번에는 오렌지색 중절모를 쓴 유천의 그림을 보내 보았다. 그런데 일주일도 채 안 돼서 커다란 에이백스(일본의 대형 음반 회사)의 로고가 새겨진 봉투가 집으로 날아왔다. 이번엔 회사명도 적혀 있었다. 게다가 라벨에는 색지라고 적혀 있었다. 색지라고, 색지! 됐어. 훌륭해! 나의 구세주 유천!

설레는 마음을 진정시키고 봉투를 열어젖혔다. 집요하다고 생각할 수 있겠지만 팬에게 있어 사인은 가보와 동격이다. 그러니 보내 줄 때는 좀 더 여러 장의 종이로 잘 포장해서 보내 줬으면 좋겠다.

어? 그런데 내가 상상했던 지렁이 글씨의 꾸불거림이 약간 달랐다. '아마 첫 글자는 m이겠지(micky니까)' 하고 생각했던 꾸불꾸불한 모양이 아닌 세로로 긴 파장을 이루고 있었다. '엥? 이건 뭐지? 옛날에 쓰던 사인인가?'
종이를 봉투에서 다 꺼낸 순간, 나는 입이 떡 벌어졌다. '이번 여름엔 더 화끈하게 즐기길. 창민!'
다름 아닌 창민의 사인이었다.

블로그 'sketchbook of colored pencil' **19**

흠, 당시의 내 심정을 알기 쉽게 구체적으로 설명하면, 산타클로스에게 닌텐도 게임기를 부탁했다. 그런데 크리스마스 날 아침, 양말에서 나온 것은 다름 아닌 다른 메이커의 게임기였던 것이다. 이때 어린아이의 심리와 매우 비슷했다. 선물은, 물론 기뻤지만 조금은 '이게 뭐니?' 하는 마음이었다. 오해하지 말길, 절대로 싫다는 말이 아니다.

이때 한 가지 생각이 떠올랐다. '유천의 그림을 보내 창민의 사인을 받았다. 그럼 이번에는 창민의 그림을 보내 보자. 그러면 유천의 사인을 받을 수 있을지 모른다.' 이렇게 단세포적인 발상을 하느라 이틀을 허비했다. 그리고 나서 진지하게 창민의 그림을 그리기 시작했다. 상상하는 것이야 나쁘지 않지만 세상은 그렇게 호락호락하지 않았다. 에이백스의 바쁜 관계자들이 나처럼 한가한 사람의 생각을 일일이 상대해 줄 리 없었다.

블로그에서도 색연필로 그린 그림보다는 그래픽 캐릭터들의 인기가 더 높았다. 그래도 나는 이 아날로그 작업을 그만두지 않았다. 멋있는 그림을 보면 나도 모르게 이미 색연필에 손이 가는 걸 어쩌겠는가. 지금도 착실히 작품을 늘려 가고 있다. 색연필은 좋은 그림 도구다.

원래는 모노크롬 사진의 재킷이지만 인물들은 컬러로 그렸다. 메이킹 DVD에서 뒤쪽의 커튼이 눈이 튀어
나올 정도로 빨개서 깜짝 놀랐다. 원래 재중의 머리는 검은색이지만 밸런스를 생각해서 살짝 브라운 톤으
로 바꿨다.

캐릭터를 그리게 된 계기는 니모 유천

사진 속 유천은 모자가 달린 파카를 입고 선글라스를 끼고 있었다. 그리고 반바지에 비치 샌들을 신었다. 비행기를 타고 외국에 가면서도 마치 근처 편의점에 콜라를 사러 가는 것 같은 평범한 스타일이다. 이 사진은 공항에서 기다리고 있던 팬이 촬영한 것이다. 종종 인터넷에 이런 사진들이 올라온다. 자세히 보면 가방이랑 샌들 모두 명품이어서 '역시 동방신기구나.' 하는 생각을 하게 된다.

그들의 그런 점이 너무 부럽다. 나는 비행기를 탈 일이 별로 없다. 그래서 가끔씩 비행기를 탈 때는 옷을 예쁘게 차려입고 화장도 곱게 한다. 그런데 내릴 때는 긴장한 탓인지 어깨가 굳어서 뻐근하다. 콘서트장에 도착하기도 전에 모든 에너지를 소진해 버린 것이다. 정작 콘서트를 볼 힘은 조금도 남아 있지 않게 된다.

　만약 누군가 나의 소원을 한 가지 들어 준다면 나는 이렇게 말할 것이다. "나의 소원은 동방신기와 한 멤버가 되어 무대에 서는 것이 아니라 '샌들을 신고 비행기에 타는 것'이에요."라고. (그들에게는 빡빡한 스케줄 가운데 유일하게 휴식이 보장된 시간일 것이다. 그렇기 때문에 목적지에 도착할 때까지 최대한 편하고 기분 좋은 차림으로 비행기를 탈 것이다.) 나도 샌들에 짧은 바지, 노 메이크업으로 비행기를 타고 싶다. 의자에 몸을 느긋하게 누이고, 푹 쉬어 보고 싶다. (당연한 일이지만 동방신기의 멤버가 된다는 가정 하에서 말이다.) 음료는 주문하지 말고 식사는 가볍게! 이 얼마나 멋진 상상인가!

　언젠가 공항에서 한 팬이 찍은 유천의 사진을 본 적이 있다. 사진 속의 유천은 커다란 니모 인형을 들고 있었다. 아무래도 팬에게 선물 받은 인형인 듯했다. 유천은 모자를 쓰고 그 위에 파카 후드를 뒤집어쓴 채(자다가 막 일어났나?) 나른한 듯 걷고 있었다. 그리고 유천의 겨드랑이에는 니모가 찰싹 붙어 있었다.

　인터넷에서 본 사진에는 옆모습, 뒷모습, 멀리서 터벅터벅 걷고 있는 모습 등 여러 모습이 담겨 있었다. 그 모습을 보며 피식 하고 웃었다. 너무도 귀여워서 옆에 있던 봉투 여백에 캐릭터를 한번 그려 보았다. 그런데 이게 의외로 꽤 괜찮은 것이었다. 캐릭터를 조금 더 크게 그리고 투사지를 겹쳐 사인펜으로 아웃라인을 두껍게 덧그렸다.(이런 방법으로 그린다.) 그리고 나서 그것을 스캐너로 스캔한 다음 데이터로 저장한 뒤 색을 입혀 보았다.

우연히도 색상 대비가 매우 훌륭했다. 보라색 계열의 유천의 파카와 신선한 오렌지색의 니모가 매우 잘 어울렸다. 보라색의 보색인 오렌지색이 강렬한 인상도 주었다. 엄밀히 말해, 유천의 캐릭터를 그렸다기보다 오히려 캐릭터 같은 유천을 있는 그대로 충실하게 모사한 것 같았다. 이것이 색연필이 아닌 다른 도구로 동방신기를 그리게 된 계기다. 이때부터 지금까지 많은 그림을 그려 왔지만 이 그림은 아직까지도 내 마음에 쏙 든다.

Let's try!
캐릭터
일러스트

나는 원래 어린이용 '아이우에오' 교재나 피아노 교본 등에 사용하는 귀여운 그림들을 전문적으로 그렸다. 색연필로 인물화를 그리는 것은 어디까지나 나의 취미 생활이었다. 취미로 동방신기를 그리며 스트레스를 풀었다. 그들은 진정 나의 쉼터와 같았다.

그런데 내가 그어 놨던 경계선을 갑자기 니모 유천이 훌쩍 넘어와 버린 것이다. '이것 봐라, 이 녀석들 캐릭터도 되네.' 그때부터 나는 캐릭터 일러스트에 눈을 뜨기 시작했다. '이번에는 무엇을 그려 볼까?' 하며 먹이가 될 만한 자료들을 찾아 꼬마 캐릭터로 변신시켰다.

처음에는 사진이나 영상에서 본 모습을 그대로 3등신으로 바꿔 그려 봤다. 그 과정은 즐거움 자체였다. 귀여운 모습에서 카메라를 노려보는 멋진 모습, 때로는 섹시한 모습까지 다채로운 모습을 보여 주기 때문이다. 하지만 그중에

서도 특히 나를 자극하는 건 멋진 모습이다. 그 모습을 보고 있노라면 내 안의 데포르메 영혼이 꿈틀거린다. 동방신기가 아무리 겁을 줘 봤자 3등신으로 그려 놓으면 '조금 건방진 귀여운 어린아이' 같을 뿐이다. 그림을 그리다 보면 나도 모르게 '큭큭큭' 하는 웃음이 터져 나온다.

사진에서 본 그대로를 캐릭터로 그리면서 멤버들의 특징도 알게 되었다. 개성이 가장 두드러지는 얼굴 부위는 단연 눈이다. 하지만 내 일러스트에서 눈은 그저 몇 개의 점일 뿐이고(제대로 그리려고 하면 망칠까 두렵다.) 입도 두꺼운 아우트라인의 선일 뿐이다. 그래서 눈 다음으로 특징이 잘 드러나는 코 라인이 쉽게 구별되도록 그렸다. 이 방법을 깨닫고 나서부터는 원본을 보지 않고도 그릴 수 있게 되었다.

멤버별로 그리는 방법도 다르다. 이는 팬만이 할 수 있는 것으로(⌒⌒), 그들의 설정을 흉내내는 것이다. '이 멤버라면 이렇게 하겠지.', '틀림없이 누구는 이렇게 할 거야.' 라는 식의 움직임을 파악하고 나면 그 다음부터는 쉬워진다. 속표지에 있는 빨간 풍선을 불고 있는 그림을 예로 들어 보자. 가장 먼저 얼굴을 대충 둥글게 그린 다음, 5명 각자가 무엇을 하고 있을지를 생각하면서 그린다. 한 명은 공기 주입기로 열심히 풍선을 불어 대고, 반대쪽에서는 풍선을 터트리려고 풍선 위로 올라가려고 한다.

동그랗게 윤곽만 대충 잡아 놓고는 5명의 그림을 딸에게 보여 주면서 "누가 누군지 알겠어?"라고 퀴즈를 내 보았다. 내 딸도 회원 번호를 가진 당당한 '비기스트'이다. 딸아이는 닮았다며 한 번에 5명을 모두 맞혔다. "정답! 아주 잘했어." 물론 이것은 어디까지나 이미지를 떠올린 것일 뿐이다. 리더가 땀을 닦으며 열심히 풍선을 불고 있는데, 상냥한 재중이 뒤에서 핀으로 구멍을 뚫으려 하는 짓은 하지 않을 거라고 믿는다.

초상화를 그리는 일러스트레이터의 경우, 나름대로의 방식이 있기 때문에 이것이 일반론이라고 할 수는 없다. 즉 나의 개인적인 이론일 뿐이라는 것이다. 그러나 데포르메 일러스트를 그릴 경우는 답이 한 가지밖에 없다. 둥그런 얼굴 윤곽 속에서 정확한 눈의 위치는 한 군데밖에 없기 때문이다. 실물과 비슷하게 그린다기보다 눈의 위치를 찾아내는 작업인 것이다.

맨 처음에는 계란처럼 타원형으로 얼굴 윤곽을 잡은 뒤 정가운데에 십자가 모양을 그린다. 이런 작업은 애니메이션 제작 과정에서도 본 적이 있을 것이다. 나도 맨 처음에 이런 작업을 한다. 그런 다음에는 십자가가 교차하는 위치에서 고개를 어느 쪽으로 향하게 할 것인지를 정한다. 그런 다음 눈썹과 코 라인을 그린다.

준수는 우산 손잡이(미안) 같은 둥근 커브를 넣는다. 유천은 코 윗부분을 조

금 높게 그리는데, 한번 내려갔다 다시 올라오는 웨이브가 특징이다.(넓은 마음으로 읽어야 한다.) 재중은 그대로 밑으로 쭉 뻗어 내려오는 느낌이고, 창민은 굴곡이 뚜렷하기 때문에 코 윗부분은 낮지만 거기서부터 산 정상을 향해 급커브를 그린다. 유노는 꼼꼼하게, 길고 섬세하게 그린다.

다음 작업은 탐색이다. 눈썹 위치와 두께를 정하고 눈의 위치를 결정하는 것이다. 윤호와 준수는 눈 사이가 약간 모인 것처럼 그린다.(정말 미안) 그러면서 "그래, 여기는 윤호네." 하며 장소를 찾아 준다. 이런 그림을 실컷 그려 온 나지만 눈 위치는 아직도 두세 번 정도 해 보지 않으면 찾을 수 없다. 그러다 '빙고'를 외치는 순간이 오면 그렇게 기쁠 수가 없다.

재중을 그릴 때 꼭 신경 써야 할 부분은 바로 헤어스타일이다. 계란 모양의 타원형 상반부를 머리카락으로 덮어야 한다.(⌒) 앞머리와 눈의 위치가 거의 같기 때문에 그것만 틀리지 않으면 '오, 재중이다' 라는 느낌이 온다.

여기까지 설명을 들으니 직접 그려 보고 싶어지지 않는가? Let's try! 하얀 종이와 풍부한 자료를 준비하고 한번 그려 보자. 단, 자료를 지나치게 쳐다보다 보면 자신이 왜 하얀 종이를 갖고 왔는지 잊어버리기 쉬우므로 주의해야 한다.

1. 이 시점에서 누구를 그릴 것인지 아는 사람도
   있을 것이다.

2. 눈썹과 코를 그린다. 누군지 알 수 있을까?

3. 그렇다. 준수다.

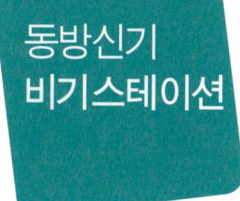

동방신기가 사회를 보는 '비기스테이션'은 일주일에 한 번 라디오에서 방송된다. 그러나 우리 집을 비롯한 몇몇 지역에서는 그들의 방송을 들을 수 없기 때문에 나는 인터넷으로 듣는다.

멤버 중의 한 사람이 한 달간 진행을 맡고 다른 2명이 랜덤으로 참여한다. 이 3명의 구성에 따라 방송의 색깔이 변하는 점이 재미있다.

어찌 보면 이 방송은 참 대단하다. 마치 동방신기와 그 팬들이 공공 전파를 전부 빌려 쓰는 듯한 느낌의 방송이기 때문이다. 다른 방송의 흐름에 익숙한 사람들이 '비기스테이션'을 들으면 과연 무슨 생각을 할까? 하는 소박한 의문이 생기기도 한다. 라디오에서 틀어 주는 노래도 거의 동방신기 노래뿐이고, 청취자들의 이메일도 팬이 아니면 알기 어려운 내용들뿐이니 말이다.

　예를 들면 '콘서트에서 늘 창민이 제일 먼저 내려가 버리니까 아쉬워요!' 라며 이메일로 묻는다. 그러면 '앞으로 창민이가 가장 늦게 내려갈 것' 이라고 약속하는 식이다. 그리고 실제 투어에서 창민이가 가장 마지막에 무대를 빠져나간다. 또 '재중아, 웨이트 트레이닝은 이제 그만해!' 라는 요청이 들어오면 '약속할게요.' 라고 본인이 직접 대답해 주기도 한다.(약속을 지키고 있는지 아닌지는 멤버들의 이야기를 들어 보면 왠지 수상쩍다. ^^)

　이렇게 늘 팬들과 캐치볼을 주고받는 식으로 대화를 나눈다. 때로는 멤버들의 습관이나 미묘한 상하 관계,(아니면 역학 관계?) 무슨 생각에 집중하는 타입인지 등 시시콜콜한 이야기를 있는 그대로 모두 말해 준다. 재채기 소리도 전부 다르다는 이야기는 비기스테이션이 아니면 들을 수가 없다. 그래서 매번 방송을 들어야만 직성이 풀린다.

　어느 날, 이 방송에 '연애 시츄에이션—Lovin you' 라고 하는 새 코너가 마련되었다. 여러 가지 연애 상황을 설정해 놓고 멤버들이 라디오 드라마를 연기하는 것이었다. '자연스럽게 망가지겠다.' 며 주저 없이 여자 역을 연기하기도 했다. 이게 또 뒤로 자빠질 정도로 웃긴다. 그래서 나도 모르는 사이에 그 상황을 그대로 그림으로 그리고 말았다.

　그대로라고는 해도 라디오를 듣고 상황을 그리기가 쉽지 않아서 일러스트 여

동방신기 비기 스테이션 **31**

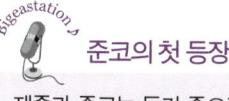

준코의 첫 등장

재중과 준코는 동거 중으로, 아침 식사를 하는 장면이다. 처음 시범으로 보여 주었던 '연애 상황'을 라디오로 들었는데, 준코 캐릭터를 너무나 잘 소화해서 오히려 충격이었다. 이제부터 팬 모두가 "깨져 버려!"라고 말할지도 모른다.

기저기에 팬들이 눈치 챌 수 있는 작은 재료들을 넣었다. 예를 들면 준코의 머그잔에 양 그림을 넣는다거나 축제 때 유노와 데이트를 하는 재준코의 축제복에는 재중이 가장 좋아하는 고추 무늬를 그려 넣는 것이다. 차미코의 밥은 전부 곱빼기로 그린다.

이 코너가 방송될 때마다 이런 재미를 살린 일러스트를 블로그에 올린다. 그중에서 몇 개를 선택해 이 책에도 실었으니 여기저기 잘 살펴봐 주길 바란다.

동방신기 비기스테이션

JFN(JAPAN FM NETWORK)에서 방송 중이다. 인터넷 방송국에 따라 방송 날짜가 다르기 때문에 상세한 것은 집 근처 방송국에서 확인해야 한다. 인터넷의 경우는 'Web Radio'에서 들을 수 있다.

재중,
총 맞은 것처럼

일본에서 발매된 싱글 CD에는 비기스트 한정판이라는 게 있다. 이는 팬클럽 회원들만이 살 수 있도록 특별 디자인한 CD이다. 곡 자체는 똑같지만 라벨에 5명이 인쇄되어 있는 한정판이다. 뭐랄까, 겨드랑이에 간지럼을 태우는 것 같다고나 할까. 팬들의 약점을 너무나 잘 알고 공략했다.

나는 멤버들이 인쇄된 라벨이 있어서 좋았다. 그런데 인터넷상에서 '이번에는 재중의 몸에 구멍이 있을까, 없을까' 하는 것을 두고 논란이 일고 있는 듯했다. 디자이너가 굉장히 신경을 썼다는 것은 레이아웃만 봐도 잘 알 수 있었다. 그중에는 방사형으로 5등분해서 룰렛처럼 분할한 패턴도 있고, 5명이 둥글게 앉아 있는 모습을 위에서 촬영한 패턴도 있다. 그리고 정가운데에 마치 바주카포에 맞은 것처럼 재중의 몸에 구멍이 나 있는 패턴도 있다. 왠지 '재중아, 미안하다.'는 말이 들려올 듯하다.

'Lovin you'의 한정판은 지나치게 호쾌한 느낌이지만 'Beautiful you'의 경우는 빨간 장미 꽃잎으로 만든 길 위에 5명이 나란히 서 있는 설정이다. 그 모습 자체가 한 폭의 그림 같아서 그대로 그릴 수밖에 없었다.

다 완성된 것이라고 쉬운 것처럼 말했지만 나는 사실 이 원형 라벨이 붙어 있는 디자인을 굉장히 어려워한다. 안타깝게도 요즘은 CD도 DVD도 거의 밋밋한 인화 형식을 사용한다. 자기가 좋아하는 스타일로 꾸며 보라며 유혹하는 것 같다. 물론 빨강이나 파랑, 초록 등의 원색 디스크보다는 인쇄할 수 있는 것이 (분명 정리하는 사람에게는) 편리하겠지만 말이다.

내 무덤을 파는 이야기 같지만 나는 일러스트레이터라는 직업을 갖기 전에는 회사에서 디자이너로 일했다. 카탈로그나 팸플릿 등의 '레이아웃'을 만들고 월급을 받았다. 그럼에도 불구하고 네모난 공간은 그런 대로 괜찮았다. 하지만 씨름판처럼 동그랗게 되기만 해도(씨름판은 원래부터 동그랗다) 손이 멈춰 버린다.

그 레이아웃 안에 동방신기를 데리고 왔다. 그리고 이 5명 중에서 누구를 떨어뜨리거나 누군가의 머리를 깎는 일 없이 잘 만들었다. 림보 댄스를 추듯 좁은 공간에 5명을 놓으니 아름답게 수록하는 건 식은 죽 먹기였다.

친구에게 방송 녹화분을 보낼 때만큼은 레이아웃을 잘 만들어 인쇄한다. 그

〈Beautiful you〉(싱글 CD/일본)
캐릭터 일러스트를 그리기 시작했을 무렵의 작품이라서 그런지 그다지 닮지 않은 것 같기도 하다. 하얀색 의
상과 진한 다홍빛의 장미 융단이 대조적인 예쁜 재킷 사진이지 않은가. 블랙 의상도 좋지만 하얀색도 좋다!

런데 나의 보관용은 거의 밋밋한 상태 그대로다. 연필로 가볍게 'Music Japan'
이라고 갈겨쓰거나 부전지로 써 붙인 것뿐이어서 어느새 지워지기도 했다. 그
래도 약간 때가 탄 부분만 봐도 이것은 'MJ' 이쪽은 'channel-1' 이라는 것을
알 수 있다. 병아리의 암수를 구분하는 감별사 마냥 기술이 몸에 익어서 다행
인 것이다.(이것도 자랑일까!)

　내 친구들(디자이너가 아니라 그저 동방신기 팬) 중에는 이것을 별 어려움 없이
척척 해내는 사람들이 많다. '파는 물건인가?' 라는 생각이 들 정도로 예쁘게
배열해 놓기도 한다. 정말로 놀라운 솜씨다. 지금까지 나의 인생을 돌이켜보면
'나는 그동안 뭘 했을까?' 하는 생각이 들 정도로 실력이 뛰어나다. 나는 그저
강물에 돌멩이나 던지며 있어야 할 정도로 그들의 실력이 뛰어나서 충격을 먹
었다.(^^) 분명 머리 어딘가에 '레이아웃은 원으로 만들어도 돼!' 라고 지시하는
부분이 있을 것이다. 또 그것이 발달 상태에 따라 개인차도 있을 것이다. 놀이
기구를 잘 타는 사람이 있는가 하면 못 타는 사람이 있는 것처럼 말이다.(나는
놀이 기구를 꽤 잘 타는 편이다.)

　가능하다면 나 같은 타입의 사람도 라벨 디자인을 쉽게 할 수 있도록 되어 주
면 좋겠다. 어떻게 하냐면, 일단은 재중에게 크고 동그란 종이를 들게 한 다음
그것을 머리 위로 올리게 하는 것이다. 그리고 그 둥근 종이와 겹치거나 너무
떨어지지 않도록 나머지 4명이 붙어서 촬영을 하는 '라벨용 포토' 같은 친절한

기획 말이다. 물론 큰 구멍과 작은 구멍의 대응판 두 가지 모두 말이다.

이 책을 만들 때도 이와 비슷한 이야기가 있었다. "블로그는 가로쓰기인데 책도 가로쓰기로 할까요?"라고 편집장이 물었었다.

동방신기를 알게 된 뒤로 나는 서점에 가도 입구 근처의 잡지 코너 외에는 가지 않는다. 그런 내가 오랜만에 서점 안쪽까지 발을 들여놓았다. 수없이 쌓여 있는 책을 보다 '어머, 언제부턴가 가로쓰기로 한 책들도 많이 나와 있네.'라며 충격을 받았다. 가로쓰기 책을 하나 집어서 읽다가 뱃멀미 같은 가벼운 현기증을 느꼈다.

지하철로 출퇴근하던 시절에는 서서 책을 많이 읽었기 때문에 서서 읽는 것에는 익숙했다. 하지만 눈동자를 좌우로 움직이는 것은 편하지 않았다. 옆으로 눈을 움직이는 것에 신경을 쓰다 보면 책의 내용이 전혀 머리에 들어오지 않았다. 그렇다고 해서 내가 오로지 세로쓰기만을 고집하는 것도 아니다. 그래서 지금 이 원고는 단념하고 가로쓰기로 타이핑을 하고 있다.

하지만 손에 들고 있는 책이 조금만 움직여도 시선을 옆으로 이동하기가 어려웠다.

'죄송합니다. 저…… 가로쓰기는 멀미가 나서 세로쓰기로 하겠습니다.'

평소에 나는 기본적으로 아무래도 상관없다는 입장이었다. 그러나 이번만큼
은 확실히 나의 의사를 표현했다. 아무래도 '서서 가로쓰기 책을 읽는 것에 대
한 대응법'에 대한 뇌의 발달 상태가 좋지 않은가 보다. 그래서 환경의 변화에
빠르게 순응할 순 없을 것 같다. 가로쓰기가 읽기 편한 분들에게는 미안할 따
름이다.

재중, 총 맞은 것처럼 **39**

비기스테이션

유노와 재준코가 축제 때 데이트를 하는 이야기다. '얼굴에 파가 묻어 있다.' 며 유노가 떼어 주고 있
다. 평소 재중이 유노의 부인이 되고 싶다고 하고, 유노도 재중 같은 아내가 이상형이라고 말하는 사
이기 때문인지 거부감이 느껴지지 않아서 오히려 무섭다.(^^)

캐릭터들은 부모의 고생을 모른다

언젠가 라디오 '동방신기 비기스테이션'에서 멤버들이 예전에 오키나와에서 여름에 촬영한 PV(프로모션 비디오)에 관한 이야기를 한 적이 있다. 준수는 "(촬영할 때는) 엄청 더웠는데(PV에는 그러한) 고생한 게 보이지 않아서 아쉽다." 고 말했다. 그 말에 창민이 "PV는 고생을 알아주길 바라고 만드는 것이 아니다."라며 냉정하게 말했다. 사실은 나도 준수의 그 마음에 조금 공감하는 편이다. '캐릭터들은 부모의 고생을 모른다.'

일러스트에서는 모두 한가롭게 웃고 있으니 정작 그림을 그리는 내가 얼마나 고생을 하는지는 전혀 알 수 없다. 지금이 그 고생을 알아줄 좋은 기회이므로 여기서 나의 고생담을 말해 볼까 한다.(뭐, 자업자득이긴 하지만.)

동방신기 멤버들의 평균 신장은 180cm가 넘기 때문에 키 때문에 고민할 일은 없을 것이다. 가끔씩 준수가 "창민이만큼 컸으면 좋겠다."고 말하기도 하지

만 그 정도는 내 입장에서 보면 도토리 키 재기일 뿐 별 차이가 없다.

이 정도로 장신인 그들을 나는 나만의 캐릭터를 설정해서 3등신의 꼬마 동방신기로 만들어 버렸다. 그래서 여러 가지 벽에 부딪칠 때가 있다. 동방신기를 소재로 그림을 그리면서부터 키에 대한 고민을 하게 된 것이다.

내가 그린 동방신기 캐릭터의 경우, 옆으로 나란히 선 모습을 패러디하면 위쪽이나 아래쪽에 큰 공간(뭐, 정확히 말해 여백)이 생겨 버린다. 구체적으로 싱글 CD 재킷 사진 중에서는 〈Miss You〉가 꽤 난이도가 높았다. 얼굴부터 아래까지 새까만 디자인으로 화면상의 가로 세로 비율에 따라 '긴 다리'를 연상케 하는 디자인이다. 하지만 이 사진을 내가 일러스트로 그리면 '높은 발판'을 떠올리게 만드는 디자인이 되어 버리는 식이다.

옆으로 나란히 서는 것 외에 의자에 앉아 있는 설정도 있다. 두 번째 앨범의 〈Five in the Black〉은 긴 소파에 5명이 다리를 뻗은 채 앉아 있는 재킷 사진이다. 그런데 이 사진의 캐릭터 버전은 다리를 아무리 뻗어도 바닥에 닿지 않는다. "시트가 더러워지니까 신발을 벗으세요."라고 말해야 할 듯하다. 하이터치 사에서 실시한 이벤트에서 실제로 의자에 앉아 있는 그들을 본 적 있다. 다리가 길어서 테이블 반대쪽으로 삐져 나올 정도였다.

![Tohoshinki illustration]

Tohoshinki

Junsu Yuchun Jejung Changmin Yunho

〈miss you〉〈싱글 CD/일본〉

실제로는 모노크롬의 재킷 사진이지만 의상이 검은색이라서 일러스트로 그리기에는 너무 적적해 머리카락과 피부색에는 컬러를 넣었다. 이 그림이 3등신으로, '발판'을 떠올리게 만드는 레이아웃이다.

캐릭터들은 부모의 고생을 모른다 **43**

〈"O"―정 · 반 · 합〉 B타입 (3집 앨범/한국)
이것이 유천과 창민을 공중부양시켜 버린 재킷이다. 어두워서 말하지 않으면 모를 수도 있지만 본문을 읽
고 난 다음에는 거기에만 눈이 갈지도 모른다.

　다음은 앞줄에 3명, 뒷줄에 2명이 서 있는 포메이션도 있다. 예를 들면, 한국에서 나온 3집 앨범 〈"O"—정·반·합〉의 B타입(A·B·C·D의 4종류가 있음)이다. 이 일러스트에서는 뒷줄에 있는 유천과 창민이 공중부양하고 있는 모습이다.

　그럼 여기서 왜 이렇게 된 것인지 솔직히 고백하겠다. 나는 5명을 한꺼번에 그리는 것이 아니라 전부 따로따로 그린 다음 컴퓨터로 합성하는 방법을 쓴다. 앞뒤 생각하지 않고 일단 한 사람씩 머리끝부터 발끝까지 그린 뒤에 합성하기 때문에 이런(커다란) 모순이 생기는 단점이 있다. 하지만 따로따로 활용할 수 있다는 이점도 있다. 예를 들면 팬 친구들에게 동방신기 멤버의 캐릭터들을 모아서 레이아웃한 종이에 편지를 쓸 수 있다. 5명을 따로따로 그리는 또 다른 이유는 솔로 활동을 할 때도 도움이 되기 때문이다. 한 장만 가지고도 다양한 용도로 활용할 수 있는 것이다.

　그렇다면 캐릭터를 그릴 때의 어려움은 신장뿐일까? 그렇지 않다. 한 가지더 있다. 나에게는 좋은 훈련이 될 것 같아서 눈물이 날 정도로 고마운 그것, 바로 헤어스타일이다. 투어가 끝났거나 다른 무언가를 시작할 때는 물론 그렇지 않을 때도 마찬가지다. 멤버들 모두가 갑자기 머리색을 바꾸거나 바짝 자를 때가 있다. 가끔 퍼머를 하기도 하고 머리를 편 채 나타나기도 한다. 너무나 센세이셔널하고 충격적인 모습에다, 기겁할 정도로(이제는 꽤 익숙해졌지만) 이미

지를 확 바꾸고 인터넷에 등장하는 것이다.

초상화 데포르메 일러스트는 한 줄의 두꺼운 선으로 그린다. 그렇기 때문에 헤어스타일은 특징을 표현하는 아이템으로, 매우 중요한 요소다. 그럼에도 불구하고 거기에 의지하기는커녕 오히려 방해를 받을 수도 있다. 그 덕분에 이제는 어떤 헤어스타일이라도 문제가 없다. 예를 들어 트레이드 헤어스타일이라거나 아주 짧은 커트 머리, 장발이거나 바가지 머리, 심지어 대머리 가발을 써도 마찬가지다. 동물 옷을 머리부터 푹 뒤집어쓰고 있어도(도대체 누구를 얘기하는 걸까?) 그것이 누구인지를 구별해서 그릴 수 있다.

이 어려움이 나를 성장시키는 원동력이라고 스스로 위안하며 헤쳐 나간다.

나도 이런 여러 가지 육체적·디자인적 문제를 안고 있다. 또한 멤버들의 충격적인 이미지 변신에 따른 헤어스타일도 어려운 문제다. 그러나 이를 강인하게 극복해 나가면서 캐릭터 일러스트를 즐기는 것이다. 그런데 그중에서도 개인적으로 난이도가 무려 D에 이르는 일러스트가 있다.

어느 날, 한국 사이트에 '하하하송'이라는 제목으로 유천과 유노의 동영상이 올라왔다. 동영상에서 유노는 동글뱅이 안경에 크고 빨간 나비 넥타이를 하고 있었다. 유천은 수염과 코가 달려 있는 둥근 안경과 미키마우스 귀를 쓴 채, 우쿨렐레를 갖고 시끄럽게 소란을 피우며 노래하고 있었다. 뭔지 잘 모르지만 그

이것이 그 D난이도의 초상화다. 내가 가장 좋아하는 작품이기도 하다. 앞에 놓여 있는 로봇과 머그잔도 실제 동영상을 충실히 재현한 것이다.

모습이 재미있어서 한바탕 크게 웃었다. 나중에 알고 보니 그것은 삼성에서 제작한 캠페인 CM이었다. '전 세계적으로 경제 상황이 악화되고 있다. 그러니 친구나 힘들어하는 주위 사람들에게 힘이 되도록 편지나 이메일, 동영상을 보내 응원하자!'는(겉보기와는 다르게 꽤 진지한 의미의) 내용이었다.

늘 활기찬 두 사람의 독특한 모습이 나의 캐릭터 제조 기능 스위치를 뻑—하고 점화시켜 버렸다. 그런데 문제가 있었다. 신장과 헤어스타일은 제쳐두고라도 내가 유일하게 개인 식별 아이템으로 그리던 코 라인이 보이지 않는 것이다. 게다가 두 사람 모두 인상이 강한 안경을 쓰고 있어서 어디를 어떻게 그려야 할지 무척 고민이 됐다. 그 탓에 기억은 잘 안 나지만 유일하게 보이는 게 유천의 안경 너머의 눈이었다. 그 위치를 화면상에서 여러 번 미세하게 조정한 뒤에야 겨우 완성할 수 있었다.

물론 본인들이 한 것들을 충실하게 재현한 것이다. 그렇지만 아시아의 톱스타인 동방신기의 리더에게 동글뱅이 안경을 씌우고 유천에게 수염을 그려 버리다니. 마치 옛날 교과서에 낙서를 할 때와 비슷한 죄책감과 쾌감(미안~)을 느껴졌다.

나는 이 '하하하송'의 두 사람을 한국의 유천 사이트에 올려 보기로 했다. '이런 걸 그리면 화낼지도 모른다.'는 생각이 들기도 했지만 그래도 한국의 여학생

팬들이 이런 스타일의 일러스트를 좋아할지 아닐지 알고 싶은 마음도 강했다.

한국의 동방신기 팬들이 그린 일러스트는 크게 세 가지로 나눌 수 있다. 순정만화풍의 다리가 긴 스타일의 탁월한 그림(이것은 매우 정확한 판단이라고 생각한다.)이 압도적으로 많다. 또 2등신으로 눈이 반짝반짝하고 둥글둥글한 게임 캐릭터 풍의 그림, 그리고 사진으로 착각할 정도로 리얼한 CG일러스트 등이다. 나는 여기에 내가 그린 아주 굵은 아웃라인의 하하하 캐릭터로 가세해 보고 싶었다. 그것도 상당히 큰 사이즈로 말이다.

투고하고 나서 수없이 달린 댓글에 나는 무척이나 놀랐다. '크크큭, 귀, 귀, 귀여워~'라든지, '특징을 잘 파악했네요.(이 표현이 일본어와 똑같다는 것을 처음 알았다.)'라는 댓글들이 올라온 것이었다. 일반인이 보면 절대로 동방신기라는 걸 모를 만한 그림이었다. 그런데도 이런 캐릭터가 국경을 넘어 한국의 팬들에게도 인정받는다는 사실이 너무 기뻤다.

이렇게 고생 끝에 완성한 작품들에는 유독 애착이 간다. 또 그 그림을 본 사람들이 조금이라도 '재밌다'거나 '귀엽다'고 생각한다면 그것만으로도 행복하다. 그래서 꼬마 캐릭터 그리는 일은 아무리 힘들어도 멈출 수가 없다.

Column | 팔랑팔랑 만화

'사방팔방 신출귀몰한 최근 생활'에서도 언급했듯이 이 책 왼쪽 페이지에는 〈주문—MIROTIC〉의 작은 일러스트를 넣었다. 이 기획은 사실 비밀로 할 생각이었다. 눈치 챈 사람들이 '우와!' 하고 좋아했으면 하는 생각에 그렇게 한 것이다. 그런데 이것이 의외로 꽤 노동력이 필요한 골칫덩어리였다. 그래서 '비밀 기획'은 그만두고 확실히 봐 주길 바라는 마음에 이 페이지를 만들었다.(가만히 입 다물고 있는 성격이 아니다.)

즉 이 책 속에서 동방신기가 춤을 추고 있는 것이다. 〈주문—MIROTIC〉의 랩 파트 '그만둘 수 없는 충동'은 한국어 가사로는 '한 번의 키스와 함께'이다. 이 부분부터 멤버를 교체해서 유천이 가운데로 올 때까지의 움직임을 그린 것이다. 아무쪼록 책이 너덜너덜해질 때까지 책장을 넘겨 보길 바란다.

이걸 만들기 위해 DVD를 몇 번이나 돌려봤는지 모른다. 통상적인 PV에서는 카메라 앵글에 따라 멤버 전체의 포즈가 보이지 않는다. 그래서 인터넷으로 댄스 버전을 찾아보거나 텔레비전에서 방송된 메이킹 영상 화면을 보기도 했다. 내가 직접 시도해 보기도 했다.(^^) 힘들었지만 행복한 작업이었다. '이런 쓸데없는 일에 시간을 쏟는 것을 매우 좋아한다.'는 점에서 편집장과 나의 의견이

일치했다.(⌒⌒)

　그림을 그리기 위해 영상을 재생해 가면서 보고 또 보았다. 그러는 사이에 댄스에 문외한인 나도 그들의 댄스 기초가 확실하다는 것을 알 수 있었다. 몸의 중심이 전혀 흔들리지 않는 것이었다. 아무리 격하게 몸을 움직여도 중심이 어긋나지 않아서 멋져 보였고 감동적이었다.

　골프의 스윙 장면을 천천히 재생해 보면 프로는 머리 위치가 전혀 움직이지 않는다는 것을 알 수 있다. 바로 그런 느낌이었다. 낮은 자세로 몸을 구부린 채 옆으로 이동할 때도 골반의 위치가 모두 정확히 맞아떨어졌다. 정말 대단하다는 생각이 들었다. 이를 발견하고 나니 〈주문〉 외의 다른 곡의 댄스도 왠지 보고 싶어졌다. "와, 정말 대단하다!"라며 마음을 전부 뺏겨 버린 나는 결국 전혀 상관없는 노래까지 천천히 재생해 보았다. 덕분에 팔랑팔랑 만화를 완성할 때까지 꽤 많은 시간이 걸리고 말았다.(⌒⌒)

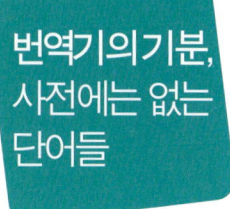

번역기의 기분, 사전에는 없는 단어들

인터넷에는 기계 번역이라는 편리한 기능이 있다. 한국어를 제대로 공부한 사람들은 이 번역기를 사용하지 않는 편이 좋다고 말한다. 하지만 그(번역기)는 나에게는 꽤 도움이 되는 존재다. 이 때문에 '부정적으로 생각하지 않는 편'이다. 부정하기는커녕 한글의 복잡한 스펠링 때문에라도 없어서는 안 될 소중한 존재라고 생각한다.

나는 한국과 일본을 오가며 바쁜 활동을 하는 동방신기에 대해, 카시오페아(한국 팬클럽)의 사람들과 이야기를 주고받는다. 그때 사전의 페이지를 일일이 넘기며 단어를 찾아야 한다면 엄청 불편할 것이다. 그럴 때 "이게 무슨 말이야?" 하고 물으면 바로 "호잇" 하고 번역해 주는 번역기는 정말 고마운 존재다. 그래도 너무 의지하다 보면 크고 작은 거짓말을 하게 될 때가 있다.(^^)

뭐니뭐니 해도 가장 이상한 점은, 읽기가 귀찮아서 대량의 문장을 번역기 원

도우 창에 붙여 넣을 때다. 그때마다 '현재 접속량이 많으니 잠시 후에 다시 접속해 주시기 바랍니다.' 라는 문구가 뜬다. 다른 나라 언어도 많을 텐데 하필이면 한국어 번역기가 움직이지 않는다는 것은 그 정도로 접속하는 사람이 많다는 이야기일 것이다. 두말할 것도 없이 훌륭하다. 누가 이런 장치를 만들었는지 참으로 대단하다. 후후후. 이런 점들에 애정이 느껴져서 여기서는 나는 번역기를 '그' 라고 부른다.

이런 큰 거짓말 외에 미묘한 잘못을 하는 경우도 있다. 가장 전형적인 것이 바로 '너무' 이다. 일본어로 '매우' 나 '아주' 로 표현했으면 하는 '너무' 를 그는 꼭 '그다지' 라고 하는 것이다. 그의 이 입버릇 때문에(^^) '그다지 고마워!' 라는 이상한 일본어를 하기도 한다. 이것을 반대로 '그다지 고마워!' 라고 번역 창에 입력하면 '너무 고마워' 가 나온다. 현재 나는 이 독특한 '번역기 일본어' 를 구사해서 자연스러운 한국말 문장을 만들고 있다. 동시에 전혀 한국어 공부에 도움이 안 되는 기술도 연마하고 있다.

이런 노력과 이상한 기술을 구사하여 인터넷을 통해 한국 팬들과 이야기를 하게 되었다. 몇 명인가의 중고생, 대학생(역시 모두 젊다.), 그리고 직장인도 있다.

윤호는 종종 인터뷰에서 눈썹을 3mm 정도 들어 올리고 손짓을 주고받으며 이야기할 때가 있다. '스태프들과 직접 이야기를 하다 보니 자연스럽게 일본어

번역기의 기분, 사전에는 없는 단어들 **53**

를 익히게 되었다' 는 내용이었다. 나도 바로 이 동방신기의 방법을 이용해 한국말에 도전해 보려는 것이다. 기본적인 공부는 일단 독학으로 하고 있다. 실전에서는 자동차에 초보 운전 마크를 붙이고 고속도로에 나간 듯한 기분이다.

한국의 팬클럽 이름은 '카시오페아' 다. 그래서 일본의 동방신기 팬들은 한국 팬들을 카시짱이라고 부른다. 이 카시짱들은 "어제 그거 봤어?"라며 가끔씩 나에게 장문의 이메일을 보내오기도 한다. 일본어로 말하면 "뭐가 뭐예용?" 같은 어미를 사용하기도 하고, 흥분한 나머지 띄어쓰기도 하지 않은 채 이메일을 보내기도 한다. 이 기관총 타법은 도대체 어디서 끊어 읽어야 하는지 알 수가 없다. 하지만 주제가 동방신기이므로 나는 시간과 키워드만으로도 핵심을 파악할 수 있다. 그리고 어디서 단어를 끊어 읽으면 되는지를 감으로 알아낸다.

내가 1시간이나 걸려서 쓴 답장에 대해 상대편은 네이티브의 눈으로 주욱 읽고는 "한국 말을 잘하시네요."라고 평한다. 하지만 그렇게 느린 속도로 쓴다면 누구든 잘할 수 있을 것이다. 오랫동안 번역해서 보낸 이쪽의 사정은 전혀 모를 테니 말이다.

내 사정을 전혀 모르는 상대편은 이미 '이 사람은 한국말도 다이죠부(괜찮아).' 라는 생각을 하는 듯하다. 한국에서 오는 답신도 당연히 장문의 내용이다. 그러면 나도 어느새 외국인과 말하고 있다는 걸 잊고 신나게 이메일을 쓴다.

〈MIROTIC〉 B타입(4집 앨범/한국)

4집 앨범에 DVD가 포함된 버전은 물보라가 몰아치는 사진이다. 멤버들이 넘어지지나 않을까 걱정이다. 색을 충실하게 재현하니 배경 색에 녹아들어서 보이지 않을 것 같았다. 그런데 다행히도 나의 그림은 윤곽선이 베이지색이라서 괜찮았다.

이모티콘을 잔뜩 넣고 눈물 마크(ㅠㅠ)도 활용한다.(통곡할 정도로 멋있다는 뜻이다.) 으캬캬(준수의 웃음소리를 한글로 표기하면 이렇게 된다.)도 자유롭게 쓰는 경지에 이르렀다. 참고로 '으캬캬'은 카시짱 사이에서는 매우 일반적인 표현이다. 다른 한국 사람들이 자주 사용하는지는 잘 모른다. 어쨌든 이렇게 사전에 없는 단어들이 너무 많다.

습관이 되어 버렸기 때문인지 서로 바보 같은 말을 주고받을 때도 상대방은 연상인 나에게 자연스럽게 경어를 쓴다. 정말이지 매번 읽을 때마다 가슴이 뭉클해진다.

이런 식으로 길게는 2년이 넘도록 이메일을 캐치볼처럼 주고받고 있다. 그런데 어느 날부터인가 그림 이야기도, 동방신기 이야기도 아닌 다른 이야기들을 하게 되었다. 일상적인 이야기나 안부를 묻는 말을 하곤 하는데, 이런 세상사에 관한 이야기들은 한국의 문화를 공부하는 데도 매우 도움이 된다.

외국인과는 종교와 정치에 관한 이야기는 하지 않는 것이 암묵적인 룰이라고 한다. 하지만 그런 룰은 학생들에게는 통하지 않는다. 한번은 외국산 소고기 수입 문제에 관해 자신의 의견을 말하며 나의 의견을 구하기도 했다. 이런 이야기는 일본에서도 어려운 화제인 만큼 어떻게 대답해야 좋을지 몰라 머리가 아프기도 했다. "이명박 대통령이 정권을 잡은 뒤로 물가가 올랐다."며 한숨을

짓는 중학생도 있었다.

'한국의 중학생들은 이렇게 정치와 경제에 대해서도 고민하는구나!' 라며 속으로 감탄했다. 그러자 그 학생은 "그래서 이제 내 용돈으로는 붕어빵도 사먹을 수 없게 되었어요!"라고 했다. 우후후. 이러니 이메일 쓰는 걸 그만둘 수가 없는 거다. 너무 즐겁다.

이런 맹렬한 스피드로 한국어 이메일을 주고받다 보니 요즘에는 번역기의 작은 거짓말에도 답답해진다. 지금은 번역 창에 한국말을 입력하고 그것을 일본어로 번역해서 스펠링을 체크해 보는 다소 건방진 방식도 사용하고 있다.(결국, 한번은 확인을 해 봐야 하는 꼴이니 좀처럼 홀로서기가 쉽지 않다.)

단어를 오래 기억하려면 문장을 읽어 보는 것보다 하고 싶은 이야기가 산만큼 많은 것이 더 효과적이다. 요즘 들어 더욱 절실히 느낀다. '비가 내린 뒤 하늘에 무지개가 뜬다.'고 하는 것보다 '앙코르로 다시 무대에 나온 멤버들은 감동한 나머지 참지 못하고 울음을 터트렸다.'고 하는 편이 머릿속에 훨씬 잘 들어온다는 것이다.

이런 방법으로 공부하자 한국말이 훨씬 더 익숙해졌다. 하지만 역시 고속도로(빨리 대화를 하고 싶을 때)에서는 번역기에게 네비게이터를 부탁해야 한다. 앞으로도 조수석에 든든히 앉아 있어 주길 바라면서……

NAVER에 블로그를 만들다

한국의 대형 웹사이트로는 'NAVER'와 'Daum'이 있다. 둘 다 '야후'와 비슷하다. 이곳에는 '카페'라고 하는 커뮤니티가 있는데, 이곳에 동방신기의 여러 팬 사이트가 만들어져 있다.

카페에 들어가기 위해서는 가입을 해야 한다. 가입을 하면 팬 사이트에 들어갈 수가 있다. 하지만 카페에 가입만 되어 있는 일반 회원은 글을 읽어 볼 수 없는 제한된 공간이 많다. 제한된 폴더를 열어 보기 위해서는 그 팬 사이트에서 '등급 신청'이라는 번거로운 과정을 거쳐야 한

NAVER에 만든 나의 블로그

다. 하지만 어떻게 하든 일단 카페 회원이 되기만 하면 여러 가지 자료에 접근할 수 있다.

　가입 방법은 NAVER나 Daum이나 대체로 비슷하다. 회원 가입란을 클릭하면 '일반 회원', '학생', '기업 및 단체 회원'으로 나눠진다. '14세 미만'(어중간한 나이지 않나?)이 학생으로 구분된다. 나는 14세와 띠 동갑도 더 되는 나이를 가졌으니 당연히 일반 회원이다. 이 구분을 선택하면 절대 해석할 수 없을 것 같은 '약관'을 설명하는 장문의 내용이 표시된다. 그 밑에는 '약관에 동의하면 개인 정보를 제공합니다.'라고 쓰여 있다. 곰곰이 생각하면 주저할 만한 문장이지만 체크하지 않으면 다음으로 넘어갈 수가 없다. 옆에 있는 체크 마크를 클릭하고 스크롤을 내리면 이번에는 '주민등록번호'를 입력하는 칸이 나온다. 일본인은 입력할 수 없는 항목이지만 다른 방법이 있다. 그 옆에 있는 '해외 사용자'라고 되어 있는 부분을 클릭하면 주민등록번호 입력 칸이 바로 전화번호 입력 칸으로 변신한다.

　일본의 국가 번호 '81'이 가장 앞에 나와 있는 것을 보니 왠지 웃음이 나왔다. 그 '81' 다음에 앞의 0을 빼고 자신의 집 전화번호나 휴대폰 번호를 입력하면 된다. 나는 집 전화번호를 입력했다. 오른쪽 옆에 '인증 번호 받기'를 클릭하자 갑자기 집 전화가 울렸다.

수화기를 들자 '안녕하세요.' 라는 자동 음성의 한국말이 들려왔다. 내가 입력했으면서도 '뭐지? 지금 한국말로 걸려 온 거야?' 라고 놀라기만 할 뿐 무슨 말을 하는지도 모른 채 당황하고 말았다.

'어? 혹시 지금, 인증 번호라고 말하지 않았나?' 하고 음성의 기억을 떠올렸다. 다시 한번 전화번호를 입력하자 역시 전화가 걸려왔다. 귀 기울여 들어보니 역시 '인증 번호' 라고 말하는 것이다. Daum은 5자리, NAVER는 7자리였던 것 같다.

이게 익숙하지 않으면 회원으로 가입하기가 의외로 어렵다. 들은 그대로 숫자가 바로 머릿속에 떠오르느냐 하면 그렇지도 않기 때문이다. 일단 가타카나로 '공, 일, 사, 육, 팔' 이라고 메모하고 전화를 끊은 다음 천천히 '01468' 을 입력했다. 익숙하지 않을 때는 숫자를 듣는 것도, 안녕하세요! 라는 말에도 심장이 두근거린다. 상대편은 기계니까 '또 이 집이야?' 하면서 불평하지는 않을 것이다. 그러니 신경 쓰지 말자. 신경 쓰지 말자.

사실은 지금, 이 원고를 쓰기 위해 'Daum' 에 등록하고 있다. 전화번호를 입력한 순간 내 휴대폰으로 전화가 걸려왔다. '팔, 칠, 구, 공, 사' (기계음인데도 발음이 좋았다)를 듣고 '87904' 를 입력하자 다음으로 넘어갔다. 감동적이었다. ID칸 옆에는 @hanmail.net이라고 쓰여 있다. 이것을 입력하면 나는 한메일(프리

미국에서 촬영한 사진집에 확대한 그랜드캐니언을 배경으로 한 사진이 있다. DVD(도 포함되어 있다)를 보는 것만으로도 손에 땀을 쥐게 하는 절벽에서 모두 포즈를 취하고 있다. 물론 이 일러스트와 동일한 사진은 없다. 고소공포증이 있는 유천의 기분을 대신해서 내가 상상해 본 것이다. 정말이지 무서울 거야.

이메일) 계정을 갖게 되는 것이다.

그 밑에는 닉네임을 입력하면 된다. 나는 내 이름을 그대로 넣었다. 그런데 한국 사람들은 이 닉네임이 또 재미있나 보다. '러블리 쵸' (러블리 유천이라는 뜻), '네모난 안경', '놀러 가자' 등 모두 독특한 이름들뿐이다. '백만 원' 이라고 하는 아이도 있었다.

그런 다음 비밀 번호를 입력하고 남성인지 여성인지를 체크하면 등록이 완료된다. 완료가 되면 화면이 갑자기 축하 분위기로 바뀐다. '회원 가입을 축하드립니다.' 라는 문자와 함께 쇼핑이나 블로그, 이메일 같은 여러 가지 기능의 아이콘이 나타난다.

여기서는 Daum의 등록 과정을 설명했지만 NAVER도 거의 비슷하다. 실제 화면을 보면서 하지 않으면 잘 모를 수도 있지만 어쨌든 분위기가 이렇다는 것만 알아도 충분하다.

나는 NAVER에도 등록되어 있다. 한국의 이메일 친구들 중에는 NAVER 블로그 유저가 많다. 동방신기 이야기 말고도 요리 레서피나 기르고 있는 강아지 사진을 올리는 것들이 즐거워 보인다. 나도 이런 것을 꼭 해 보고 싶어서 NAVER의 블로그를 클릭했다. 그 순간 나는 다시 한번 감동하고 말았다. 그곳에 내 그림이 있었

던 것이다. 문패에는 내 이름이 달려 있고 'OO의 블로그'라고 쓰여 있었다.

혼자 살아 본 경험이 없는 나에게 '나만의 집'이라는 존재는 정말이지 매력적이었다. '와, 어떡하지? 무얼 먼저 해야 하지? 우선은 스킨을 정하자.'라는 마음으로 시작한 스킨 결정에 무려 하루를 허비하고 말았다. 환경 설정이나 샘플이 어디에 있는지 처음엔 잘 몰랐다. 찾다 보니 진짜로 집의 벽지를 새로 바르는 만큼이나 체력이 소모되었다. 그래도 하나하나 알게 되니 일본의 블로그보다 '장벽을 뛰어넘는다는 느낌'이 들어서 즐거웠다. 벽지는, 언어의 벽이 있어(농담이 아니다) 아직도 나만의 벽지를 만들지 못하고 있다. 그래서 '벽지에 동방신기를 붙이면 내 그림이 눈에 띄지 않을 거야!'라는 변명을 하면서도, 결국엔 기존의 벽지로 마무리했다.

벽지 다음은 방을 나누는 일이다. '카테고리'라고도 하는 이 방을 먼저 6개의 방(5명의 개인 방과 5명의 거실)으로 만들었다. 가구(그림이다.)도 하나씩 하나씩 올리니 꽤 블로그다운 외양이 갖추어졌다.

문장(블로그의 이름 위에 붙이는 메인 그림)으로는 니모 유천을 붙였다. 타이틀은 물론 일본 블로그와 마찬가지로 〈Sketchbook of colored pencil〉이다.

처음 완성했을 때는 기쁜 나머지 컴퓨터를 켤 때마다 이곳에 들어와 둘러보곤 했다.

'NAVER'에 블로그를 만들다 **63**

GOOD NIGHT "BabyXQ"

누워 있는 순서는 왼쪽에서부터 창민, 유천, 재중, 윤호, 준수이다. 한국에서의 4집 앨범 〈MIROTIC〉에서 최초로 공개된 이미지 사진은 검은 천이 바람에 펄럭펄럭 흔들리고, 그 건너편에 멤버들이 나란히 서 있다. 속이 비치는 천 너머로 상반신을 노출한 그들이 어렴풋하게 보이는 섹시한 컷이었다. 그런데 '이걸 캐릭터로 할 수 없을까?' 하고 친구가 요청해 왔다. 막상 해 보니 천이 이불처럼 보였다. 이불? 그래! 이불로 해 버리자! 그런 이유로 5명을 재워 버렸다. 하는 김에 이들을 두 살짜리 아이로 설정해 버렸다. 이런 건강한 두 살배기 아이들이 5명이나 있으니 잠에서 깨어나기라도 하면 매우 분주해질 것이다. 지금은 조용히 코~하게 내버려두자.

NAVER 블로그에는 '이웃'이라고 하는 설정이 있다. 마음에 드는 블로그의 주인에게 '이웃 신청'을 하는 것이다. 이때 블로그 주인이 승낙해 주면 '이웃' 등록이 완료된다. 나와 이웃이 된 블로그가 새롭게 단장을 하면 그것을 알려 주는 기능이 있어서 금세 알 수 있다. 또 일방 통행이 아닌, 서로 이웃 인증을 해 주면 '서로 이웃사촌'(과 같은 의미)이 된다. 이웃사촌이 된 블로거에게는 블로그 이름 뒤에 작은 하트 마크가 생긴다.

사실 이걸 발견하기까지 3일이나 걸렸다. 나에게 이웃을 신청하는 건 알 수 있지만 어떻게 승낙해 주는지를 몰랐던 것이다. 결국엔 프로(카시짱)에게 물어보아 알게 되었다.

그 밖에도 일본 블로그에는 없는 기능들이 여기엔 더 많이 있었다. 일본어로 '안정 게시판'이라고 하는 방이 있었다. 그런데 도대체 어떤 용도로 쓰는 건지 알 수가 없었다. 알고 보니 다른 블로거들과 이야기하고 싶을 때 자유롭게 사용할 수 있는 공개 편지와 유사한 장소였다. 작은 입력 칸과 비공개로 할 것인지 공개로 할 것인지를 설정하는 것 외에는 아무런 제약이 없다.

카시짱들은 매우 다양한 선물들을 갖고 이 작은 창에 놀러 왔다. 인터넷의 위력에 다시 한번 감동할 수밖에 없었다. 이 작은 창에는 단지 글자를 입력할 뿐 그 밖에 다른 것은 아무것도 할 수 없을 것 같았기 때문이다.

카시짱들과 이야기를 나눌 때는 대부분 나의 괴상한 한국어를 칭찬해 주는 것으로 시작된다.(애써 칭찬해 주는 걸 보니 내 한국말이 어지간히 엉망이긴 한가 보다.) 그리고 나서는 공통적으로 "외국인에게 말을 거는 게 처음이라 긴장이 돼요."라고 말한다. 외국인이 한국말로 동방신기에 관한 이야기를 물어온다는 게 신기해서 찾아온다는 걸 느낄 수 있었다.

그러면 나도 나름 용기를 내서 받은 메시지와 비슷한 정도의 행수로 답장을 보낸다. 그러면 이번에는 갑자기 "겨우 시험이 끝났어요."라는 메시지가 온다. 아니면 "요번 콘서트 때 찍은 사진이에요!"라며 3층에서 찍은 사진을 보내 주기도 한다. 빨간 풍선이 바다를 이룬 사진이다. 때론 연하장 같은 걸 만들어 보내 주기도 한다.(물론 데이터이다.) "일본어 공부 중이에요!"라며 3줄 정도는 일본어로 쓰다가 "아, 이제 한계다."라며 그때부터 갑자기 한국말로 쓴 이메일을 보내는 친구도 있다. 친절한 메시지를 받으면 나도 그 나이대가 된 것 같아 왠지 행복하다.

또는 직접 휴대폰 대기 화면 영상을 만들어 보내 주기도 하고, "이거 귀엽죠?"라며 동영상을 보내 주는 사람도 있다. 나는 그 정도까지는 못하기 때문에 늘 존경과 감사의 마음을 담아 합장을 한다. 그리고 얼른 내 휴대폰에 대기 화면 영상을 저장한다.

만약 내가 지금 학생이라면 그들처럼 이렇게 능숙하게 인터넷을 다룰 수 있

을까? 정말 부러울 따름이다.

언어의 장벽도 장벽이지만 이와 같은 세대 차이도 극복해야 한다.

안정 게시판 외에 '쪽지'라는 기능도 있다. 이는 개인적으로 누군가와 이야기를 나누고 싶을 때 사용한다. 원하는 상대의 ID를 클릭하면 이메일 주소가 없어도 짧은 문장을 주고받을 수 있다. 쪽지는 카페에 로그인하면 오미쿠지(일본의 신사나 절에서 길흉을 점쳐보는 제비)를 묶어 놓은 것 같은 마크가 표시된다. 그 밑에 표시된 숫자가 아직 읽지 않은 쪽지의 숫자이다. 그곳을 클릭하면 내용을 읽을 수 있다.

나도 처음에는 이 쪽지 기능을 사용해서 이야기를 주고받았다. 그런데 점점 할 얘기가 많아지다 보니 제한된 글자 수를 초과해 버렸다. 그러면 이 쪽지는 이메일로 바뀌어 한메일 주소로 가 버린다. 결국에는 이메일 친구가 되도록 해 주는 것이다.

NAVER로 말하자면 정말로 기능이 많다는 것이다. '정말 한국은 인터넷 강국이구나!'라는 생각이 들 정도로 편리한 오락의 중심 포털이다.

 **NAVER와 Daum**

NAVER와 Daum 회원 가입 시스템은 때때로 변경된다. 여기서 설명한 것은 2008년 말의 등록 방법이다.

'NAVER'에 블로그를 만들다 **67**

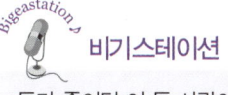 비기스테이션

동거 중이던 이 두 사람이 드디어 결혼에 골인했다. 한편 '왜 너를 좋아하게 된 걸까?' 라며 유천은
실연을 당하게 된다. 의상은 김 씨와 관계가 깊은 앙드레 김 선생님의 디자인을 이미지화했다. 신랑
재중은 부츠를 신고 부토니아에는 고추를 장식했다.

동네방네, 목숨을 건 참전

'동네방네'는 한국에 있는 동방신기의 맘모스 팬클럽 사이트다. 글 하나의 조회 수가 아무리 적어도 최소 1,000회를 넘는다. 이틀 정도 지나면 이 숫자가 1만을 넘는 일도 비일비재하다. 댓글 수도 세 자릿수는 기본일 정도로 인기가 엄청나다. 나도 딱히 볼일이 없어도 매일 이곳을 방문한다.

어느 날이었다. "나도 한 번이라도 좋으니까 여기에 참여해 보고 싶어!"라고 한국의 이메일 친구에게 이야기했다. 그러자 그녀는 '크크큭' 웃으면서 "나, ID 두 개 갖고 있으니까 하나 빌려 드릴게요. 개인 정보 설정에서 Yuko씨의 ID랑 비밀 번호를 넣어서 사용하세요."라고 했다. 드디어 꿈이 이루어질 것만 같았다.

일러스트레이터라는 직업은 '눈에 띄어야' 한다. 무엇이 일로 연결될지 알 수 없으니 가능한 한 많은 사람의 눈에 띄는 장소에 그림을 붙여야 한다. 그 다

음은 최대한 자신을 어필하여 작품을 세상에 내보내야 한다.

인터넷에 작품을 올리면 마음대로, 무한대로 카피가 되어 여기저기에 나돌 수 있다. 하지만 이런 구차한 생각만 하고 있으면 언제까지나 무명인 채로 남게 될 것이다. 극단적으로 말해, 콘서트장 밖에서 '불법 사진 판매상(실제로는 뭐라고 하는지 모르겠다)'이 내 일러스트가 그려진 머그잔을 팔고 있다면 오히려 고마워할 할 정도로 배짱이 있어야 한다는 것이다. 그렇지 않으면 일로 연결되지 않는다.(그럼에도 불구하고 일로 연결되는 것은 좀처럼 드물지만 말이다.) 아, 물론, '불법 사진 판매상'을 용인한다는 의미는 아니므로 오해하지 말기 바란다. 어디까지나 마음 상태가 그 정도는 되어야 한다는 말이다.

어쨌든 슈퍼 맘모스 사이트인 '동네방네'는 나에게는 매우 매력적인 곳이다. 시부야의 하치코 동상 앞에서 퍼포먼스를 하는 것보다(훨씬 더 높은) 관심을 갖고 있기 때문이다.

드디어 친구가 빌려준 옷(ID)으로 이 '동네방네'에 로그인을 했다. 아래쪽에 'write'라고 하는 버튼이 보인다. '우와~ 여기에 쓰면 참가할 수 있겠구나.' 시찰을 마친 나는, 그 다음에는 원고를 준비했다. 당시 그들은 '토호신기(동방신기의 일본식 발음 표기)'라는 이름으로 일본에서 한창 활동하고 있었다. 그런만큼 일본식 발음으로 올리면 카시짱들의 관심을 끌 수 있을 것 같았다. 그래

서 얼른 일본 잡지에 실렸던 유천의 사진을 색연필로 그려 올리기로 했다.

그런데 여기서 한 가지 문제가 발생했다. 지금까지 내가 참가해 온 사이트는 그림을 인터넷에 직접 올릴 수 있는 기능이 있었다. 다시 말하면, 글 쓰기 칸과는 별도로, 올리고 싶은 화상 파일명을 지정하는 창이 있었다. 그래서 내 컴퓨터에 저장된 화상 파일을 그대로 간편하게 올릴 수 있었다. 그런데 동네방네는 그런 기능이 없었다. 입력창은 오직 한 개뿐. 이곳에서는 다른 방(물론, 인터넷 상의 이야기)에 있는 그림의 URL을 가져와서 링크를 걸어 놓는 기술이 필요했다.

머리로는 방법을 알고 있지만 실제로 해 본 적이 없으니 신중해질 수밖에 없었다. 일본 블로그는 한국 사이트에 링크를 걸어 두어도 성공하지 못할 수 있다. 그래서 나는 NAVER 블로그에 올려놓은 그림의 URL을 가져 왔다. 그리고는 '에잇!' 하는 생각으로 클릭을 했다.

마침내 내 ID로 동네방네에 접속할 수 있었다. '우와~ 됐다.' 그런데 뜻밖에도 그곳에 내 그림은 없었다. 댓글은 달려 있었지만 그림은 없었다. 두근두근 두근두근. 시, 시, 시, 실패인가? 두근두근 두근두근. 어디지? 삭제가 어디 있지?

글을 지우려고 하는데 '엑박이다' '엑박이에요.' '그림을 보고 싶은데 엑박이라서 볼 수가 없네요!' 라는 댓글이 계속해서 올라왔다. 그런데 댓글이 올라오면 그 글은 지울 수가 없는 듯했다. 그 말에 당황한 나, 갑자기 모든 한글이 기호로 보이기 시작했다. 심장이 두근거리고 호흡이 가빠졌다. 혈압은 상승하고 땀이 나기 시작했다. 쓰러질 것 같았다.

지금 생각하면 참 무모했다. 한국의 거대 사이트에 처음 투고하면서, 그것도 링크해서 올리는 것에 익숙하지도 않으면서 그런 도전을 했으니 말이다. 로그인 된 기쁨에 앞뒤 안 가리고 달려들었으니, 정말이지, 오 마이 갓이다!

댓글에서 사람들이 줄기차게 말했던 '엑박'의 의미를 나중에야 알게 되었다. 그것은 '엑스박스' 였다. 화상이 인터넷에서 원활하게 링크되지 않았을 때 그것이 표시되어야 할 공간에 이 엑스박스가 뜬다. 작은 사각형 안에 'X' 라고 쓰여 있어서 이것을 '엑박(🗵-엑스박스)' 라고 한다.

당장은 엑박의 의미가 중요한 게 아니었다. 이 글을 어떻게 해야 할 것인지가 더 큰 문제였다. 하지만 당시 나에게는 이를 수정할 만한 기술이 없었다. 그저 맥박 수나 세며(130이나 되었다.) 허둥댈 뿐이었다. 그렇게 컴퓨터 앞에서 빈사 상태로 있는 나에게 천사가 나타났다.

〈"O"—정 · 반 · 합〉 D타입(3집 앨범/한국)

이 사진은 캐릭터로 그리지 않아도 원래부터 귀여웠다. 그래서 캐릭터로 그리는 작업이 더욱 즐거웠다. 동물 옷을 구분해서 그리는 것은 조금 힘들었지만 말이다.

'Yuko씨가 올리려고 했던 그림이 혹시 이거에요?'라며 천사 같은 목소리(같은 문자)와 함께 댓글 칸에 그림이 하나 올라온 것이다. 바로 내가 올리려고 했던 그 그림이었다.

그는 천사처럼 친절한 친구였다. 마치 연못에 떨어뜨린 도끼를 들고 나타난 산신령 같았다. 나는 흥분해서 "맞아요. 그거예요, 그거. 그 그림이 제가 빠뜨린 그림이에요!"라며 컴퓨터 앞에서 눈물을 글썽거리며 중얼거렸다.(어디에 살고 있는 친구인지는 모르지만 그때 도움 받은 일본의 동방신기 팬입니다. 이 자리를 빌어 감사 인사드립니다.)

이렇게 해서 무사히(라고는 절대 말할 수 없지만), 동네방네의 모두에게 그림을 보여 줄 수 있었다. '이제부터는 그림에 관한 평범한 댓글이 올라오겠지!'라고 생각했다. 그런데 순간! '와! 일본 사람이다.' '일본 사람이 그림을 올렸네요!' '여기까지 잘 오셨어요.' '뭐야, 뭐야? 일본 사람이 그림을 올렸어!' '한국말도 하네.'라며 구경거리가 되고 말았다. 조회 수는, 그렇게 급상승했다.

이것도 나중에야 알게 된 일이지만 NAVER는 동네방네와 링크되지 않는다고 한다. 그래서 Daum 블로그 방에 일단 그림을 올린 다음 거기서 링크를 끌어와야 한다고, 한 중학생이 가르쳐 주었다. 그 천사는 나의 NAVER 그림을 일단 자신의 Daum 방에 올린 다음 나의 코멘트 칸에 링크를 걸어 두었던 것이다. 이

〈MIROTIC〉 A타입(4집 앨범/한국)

〈MIROTIC〉 같은 느낌이어서 이 일러스트는 〈MIROTIC〉이라고 이름지었다. 한 사람씩 사진을 합성했기 때문에 자세히 보지 않으면 어떤 손이 누구의 손인지 알기 어렵다. 메이킹 영상을 보고 나서 이제 누구의 팔인지, 누구의 다리인지 처음 알게 된 것도 있다.

런 고생을 하며 도와준 것을 나는 1년 동안이나 모르고 있었던 것이다. 흑흑……

　그 다음부터는 '건강상의 이유'로 동네방네에 그림을 올리고 싶을 때는 ID를 빌리지 않기로 했다. 그 대신 카시짱인 한 친구에게 '이 타이틀이랑 이 코멘트로 이 일러스트를 올려 주세요!'라며 이메일로 부탁하기로 했다. 이로써 수명을 줄이지 않아도 되고, 그림을 보며 만족도 할 수 있게 되었다. 게다가 그 친구는 '그림에는 음악도 필요하지 않겠어요?'라며 그림 속 유천의 의상과 이미지에 어울리는 음악을 함께 올려 주기도 했다. 완벽한 연출이었다. 이렇게 해서 나는 '마치 내가 직접 산 옷을 입은 것처럼' 동네방네에 참가할 수 있게 되었다. 정말이지 다들 너무 친절한 사람들이었다.

🎈 **동네방네**

내가 동네방네에 처음으로 투고한 것은 2007년이다. 당시에는 'bestiz'라는 사이트에 속해 있었다. 이를테면 맨션에 방 하나를 얻어서 살고 있는 그런 사이트였다. 현재는 이사를 해서 하나의 독립된 사이트가 되었기 때문에 시스템이 달라졌을 가능성도 있다.

지유루,
유학생 신분으로 일시 귀국

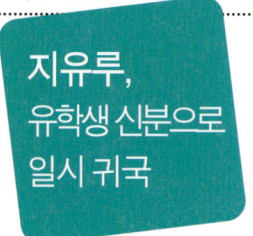

한국의 이메일 친구인 태연(가명)의 이야기를 해 보려고 한다.

어느 날 태연에게서 한 통의 이메일이 왔다. "미국에 유학 중인 지유루라는 친구가 있는데, 그애가 다음 주에 잠시 귀국을 해요. 그래서 저녁에 만나기로 약속했어요."라며 어머니와 이야기를 나눴다는 내용이었다.

나는 이 이메일을 읽고 뒤로 자빠질 정도로 웃어 버렸다. 그 이유는 지금부터 설명하겠다.

한국의 케이블 채널에 〈School of Rock(樂)〉이라는 버라이어티 프로그램이 있다. 스타가 갑자기 학교로 찾아와서 콘서트를 연다는 내용으로, 엄청 흥분을 불러일으키는 방송이다.

이 방송은 선생님들까지 협력하여 학생들에게는 비밀로 진행된다. 예를 들면, 교내 방송을 통해 "학생들 중에 담배를 피우는 학생이 발각되었습니다. 긴

급 전체 조회를 소집하오니 학생들은 서둘러 강당으로 모여 주시기 바랍니다."
라는 선생님의 멘트를 내보낸다. 그리고 학생들이 강당으로 모이면 무거운 분
위기 속에서 설교가 시작되는 것이다.

그러는 도중에 갑자기 사회자가 등장한다. 학생들은 이 사람이 나오면 무슨
일이 벌어질지를 이미 알고 있다. 그 순간 "꺄~" 하는 함성이 울려퍼진다. 엄청
난 열기와 함께 무대 쪽으로 뛰어나가는 학생도 있다. 그러는 동안 스테이지 위
에 있던 팡!! 하는 소리와 함께
현수막이 펼쳐진다. 바로 그때
오늘의 스타가 등장하는 것이다.
그와 동시에 불꽃이 펑펑 터지며
콘서트가 시작된다. 재미있을 것
같아서 너무 부러운 방송이다.

서론이 길어졌다. 본론으로 들
어가면, 이 방송은 게스트가 학
교로 이동하는 버스 안에서도 계
속해서 촬영을 한다. 동방신기가
게스트로 나왔을 때다. 그들은
버스 안에서 바비 인형에게 자신

한국의 3집 앨범 〈"O"—정 · 반 · 합〉 D타입에는 이런
분장을 한 멤버들의 카드가 들어 있다. 마치 장난감 상
자 같다.

들이 좋아하는 옷을 입히고 있었다. 인형 옷 갈아 입히기는 어린 시절 생각이 나서 그리우면서도 막상 하려면 매우 쑥스러운 놀이이다. 그런데 이 5명의 남자들은 하나같이 "우와~ 이런 거 처음 봐요!"라며 진지한 표정으로 바비 인형에게 좋아하는 옷을 입히고 있었다. 마지막에는 완성된 인형에 대해서 각자 해설을 덧붙였다. 이때 윤호가 자신의 바비 인형의 이름을 '지유루'라고 지은 것이다.

"왜 지유루야?"라는 사회자의 질문에 그는 "미래에 딸이 태어나면 이름을 지유루라고 짓고 싶다!"고 말했다. 따라서 카시오페아에서 만약 지유루라는 이름을 쓰는 사람이 있다면 일단 한번 의심해 봐야 한다. ㅋㅋㅋ.

앞서 언급한 이메일에서도 태연은 엄마에게 그렇게 변명한 것이다. 밤늦게 끝나는 콘서트를 보러 가기 위해 필사적으로 꾸며 대는 태연의 모습이 너무 귀엽게 느껴졌다.

그녀는 시험 기간 중에도 나에게 이메일을 보내곤 한다. '결국 엄마에게 컴퓨터를 압수당했다!'며 학교 도서관에서 보낸 이메일이었다. 집안이 엄해서 많이 고생할 것 같다는 느낌이 든다. 그래도 실제로 읽어 보면 정말 재미있다.

지유루에 관해서는 또 다른 에피소드가 있다. 이 또한 한국의 텔레비전 방송인 〈미래의 신부에게 보내는 편지〉라는 토크쇼에 관한 내용이다. 거기서 윤호

지유루, 유학생 신분으로 일시 귀국 **79**

〈MIROTIC〉 C타입(4집 앨범/한국)
4집 앨범의 종류는 총 3가지다. 그중 C타입은 종이로 포장되어 있다. 이것을 일러스트로 그리면 전체적으로 그을음이 생긴 것 같은 색조가 된다. 이대로 초콜릿을 포장하는 데 써도 될 것 같은 느낌이다.

는 "우리 아이의 운동회에 함께 갑시다!"라고 말했다. 나는 그 말을 듣고 '독신 남성들은 아이의 운동회를 동경하나?'라고 생각했다. 그러나 실제로 아빠가 되어 보면 운동회가 무엇인지를 알게 될 것이다.

먼저 아침 일찍부터 교문 앞에 서서 자리를 잡아야 한다.(이 기회를 통해 윤호를 보기 위해 밤을 새워 가며 줄을 서서 기다리는 팬들의 마음을 알아주길 바란다.) 또 아이를 응원하는 것보다 카메라 앵글에 신경을 쓰느라 정작 자신이 무엇을 했는지 기억이 나지 않는 경우도 있다. 이런 사실을 그는 모르고 있었다.

하지만 실제로 윤호가 운동회에서 자신의 아이를 응원하는 일은 불가능할지도 모른다. 그래, 운동회에 동방신기의 유노윤호가 와서 아이를 응원한다는 것을 사람들이 알게 된다고 치자. 학교에는 대소동이 일어날 것이다. 학교 건물 옥상에서 '지유루, 파이팅'이라는 현수막이 내려오고, 학교는 팬들에게 점령당할 것이다. 교정에 카시오페아 무리를 따로 만들어 놓지 않으면 아마도 다른 학생들의 엄마 아빠는 자기 아이의 운동회를 구경조차 하지 못하게 될 것이니 말이다. 자리를 잡기 위해 아침 일찍부터 줄을 서 있는 윤호를 보기 위해 3일 전부터 밤새 줄을 서는 이들이 있을지도 모른다.

태연에게 이런 이야기를 했더니 "생각하는 건 일본이나 한국이나 똑같네요." 라며 웃었다.

지유루, 유학생 신분으로 일시 귀국 **81**

 **비기스테이션**

이건 '연애 상황'이 아니다. 비기스테이션에서 준수와 창민이 만나면 왠지 모르게 싸우는 분위기가 되어 버린다.(^^) 이 배틀이 마치 '톰과 제리' 같아서 무척이나 재밌다. 조그만 제리가 늘 톰에게 우세하듯 비기스테이션에서도 동생 창민이가 강하다.

美(미)스틱,
미스테이크

한국에는 '美스틱'이라는 이름의 과자가 있다. 포장의 비주얼 이미지가 바로 동방신기다. 이 과자는 맛이 여러 가지인데, 한 멤버가 각각 한 개의 상자를 담당한다. 가늘고 긴 스틱 모양의 비스킷에 초콜릿이 입혀져 있는 것이 기본이다. 그 밖에 똑같은 스틱 모양의 비스킷에 부드러운 초콜릿이 입혀지고, 그 위에 카페오레 향이 나는 나선 모양의 크림이 발라져 있는 예술적인 디자인도 있다. 웨하스 모양의 스틱 속 구멍에 초콜릿 크림이 들어 있는 것도 있다.(일본에도 거의 비슷한 과자가 있기 때문에 상상하기 쉽다.^^) 그 맛으로도 충분히 여중고생들의 마음을 자극하는데, 외관마저 동방신기라니! 카시짱의 흥분이 전해져 오는 것 같다.

이런 이미지의 모델이 될 수 있는 것은 일본에서는 한국에서는 톱 아이돌밖에 없을 것이다. 이런 생각을 하며 인터넷에 올라온 패키지 사진을 바라보고 있었다. 그러던 차에 한국에 놀러갔다 온 친구가 '동방신기 퐁키 사왔어!'라며

선물을 주었다.(ᴖᴖ)

거의 해외에 나가지 않는 나에게 그건 귀중한 외제품이었다. 상자를 여는 순간부터 작은 소동이 일어났다. 달려드는 딸을 막으면서 커터 칼과 핀셋으로 풀이 붙어 있는 부분을 숨죽이며 조심스럽게 뜯었다. 그래도 점점 다가오기만 하는 딸에게 "위험하니까 떨어져!"라고 주의를 주었다.(초콜릿 상자를 여는 것뿐임에도 불구하고) 그리고는 고미술 감정사도 감동할 정도로 '훌륭한 일을 하는 척'하며 상자를 개봉했다.

실수하더라도 개봉선으로 뜯어 버려서는 안 된다. 왜냐하면 상자를 뒤집으면 '이곳에 엄지손가락을 넣으세요.'라고 되어 있는 개봉선이 보이는데, 이 개봉선이 멋지게도 리더 윤호의 이마를 통과하기 때문이다. 상자 앞쪽에는 멤버들이 한 사람씩 있지만 뒷면에는 5명이 다 같이 있는 것이다.

무사히 꺼낸 알맹이는(무사한 건 겉 상자였지만) "좋아!"라는 감탄사와 함께 딸과 나의 좋은 간식이 되어 주었다. 꽤 맛있는 과자였다. 일본 과자와 비슷했지만 초콜릿의 달콤함이나 향이 약간 달랐다. 유럽에서 선물로 가져온 초콜릿만큼 이국적이지 않은, 친근한 맛이었다.

그런데 무사히, 깨끗하게 납작해진 패키지를 뒤집어 보니 5명의 사진 외에

다른 무언가가 있었다. 응모권의 절취선 마크와 경품 사진이었다.

　1등 디지털 카메라(4명)
　2등 리바이스 청바지(8명)
　3등 동방신기 사진집(40명/우와, 이거 갖고 싶다.)
　4등 도토리 10개(200명)

　'응? 도토리 10개? 도토리? 한국 사람들은 도토리를 받고 싶어 할까?' 하는 소박한 의문에 나의 뇌는 바삐 움직이기 시작했다.

　한국 요리점에 가면 도토리묵이라는 메뉴가 있다. 도전 정신이 그리 강하지 않은 나는 찰흙 색깔의 네모난 묵에 도저히 손이 가질 않았다. 먹어 보지도 않고 싫어했는데, 문득 몸에 좋은 음식일지도 모른다는 생각이 들었다. 그러고 보면, 한국의 텔레비전 방송 도중에 '오늘 무대에 오르는 동방신기, 주차장에 있는 모습부터 찍겠습니다.'라는 신이 있었다. 그리고 멤버들이 카메라를 향해 여러 가지 이야기를 했다. 거기서 준수가 인삼 드링크를 좋아한다고 말했었다. '몸에 매우 좋다.'고 말이다.

　'한국 사람들은 이렇게 어렸을 때부터 몸에 좋은 음식에 관심이 많구나.' 하는 생각이 불현듯 나의 뇌리를 스쳐지나갔다.

이 일러스트를 그린 것은 2009년 2월 23일이다. 이틀 전에 서울에서 본 콘서트 후에 그린 일러스트다. 여기에는 원래 다른 일러스트를 넣었었는데 확 떼어내고 교체해 버렸다. 인쇄 전까지 아슬아슬하게 그릴 수 있었다.

　그렇지만 인삼을 과자의 경품으로 걸기에는 너무 고급스럽지 않은가? 하지만 도토리라면 그와 비슷한 효능이 있을지도 모른다. 그렇다고는 해도 10개씩 200명에게 주려면 총 2,000개가 필요하다. 아니면, 초콜릿 회사의 직원들에게는 출근 전에 1명당 5개 이상의 도토리를 주워 와야 하는 규칙이라도 있는 것일까? 응모 기간은 9월 초순부터 12월말까지다. 가을이니까 계절적으로 불가능한 일도 아니다. 아니면 경품용 졸참나무 숲이나 밤나무 숲이 있을지도 모른다. 거기에서 '2L 사이즈 1급품 미스틱 경품용' 같은 것이 도토리 일러스트가 그려진 골판지 상자에 담겨 운반되고 있는 걸까? 상상이 끊임없이 이어졌다.

　이럴 때는 이메일 친구인 카시짱에게 묻는 것이 가장 좋은 방법이다. 그래서 '도토리 10개 받으면 기분이 좋아?' 라고 질문을 했다. 그러자 답장에 '크크크크' 하는, 웃음소리를 표현한 'ㅋ' 가 기관총처럼 10줄 이상 찍혔다. 웃음이 빵 터진 것 같았다. 그리고는 '그건 진짜 도토리가 아니라 싸이월드(cyworld)라고 하는 사이트의 포인트 단위에요!' 라고 알려왔다.

　10개의 도토리는 '10포인트' 라고 한다. 듣고 보니 오렌지색 상자의 도토리 밑에 싸이월드라는 싸이트의 로고가 인쇄되어 있었다. 하지만 빨간 상자에는 정말로 도토리 그림뿐이었다. 설명이 없다는 것은 이 도토리가 한국에서는 모두가 알고 있는 상식이라는 말일 것이다. 상자 속의 과자에는 친근감을 느꼈는데 도토리 그림에는 국경의 벽이 느껴졌다.

미(美)스틱, 미스테이크 **87**

지금, 다시 한번 상자를 확인하고 있다. 그런데 잘 들여다보니, 이게 웬걸! 빨간 상자에도 싸이월드의 미스틱 사이트 주소가 적혀 있는 게 아닌가. 게다가 '행운의 숫자를 이 사이트에 입력하면 상기의 경품을 드립니다.'라고 쓰여 있었다. 응모권 절취선 마크라고 생각했던 점선 안에 '뒤에 있는 행운의 숫자를 확인해 주세요.'라는 말이 있었던 것이다. 그래서 패키지를 다시 펴서(접어서 보관했기 때문에) 살펴보니 숫자가 넘버링 되어 있었다.

대단한 발견이었다. 패키지 뒷면에 전부 다른 번호를 인쇄하다니 정말 대단한 제작 공정이다. '일본에서 응모해도 당첨되면 경품을 보내 주려나?' 하고 생각했지만 이미 늦었다. 응모 기간은 2006년까지였다. 당시의 나는 상자를 깨끗하게 개봉하는 기술은 있었어도, 이를 독해할 수 있는 능력은 없었다. 너무나 아쉽다.

Column | 아아, 부정적인 사고

책을 낸다는 것은 일련의 출산 과정과 오버랩되는 부분이 많다. 많은 부분을 다른 사람들이 확실히 뒷받침해 주기 때문에 마음을 굳게 먹을 수 있다는 점에서 일단 그렇다. 하지만 한편으로는 결국 최종적으로 아이를 낳는 것은 나라는 부분도 닮았다. "잠깐만요."라든가 "죄송합니다. 볼일이 생겨서!"라는 말은 통하지 않는다. 남산만큼 나온 배를 원래대로 되돌리는 출구가 단 한군데도 없다는 것을 생각해 보면 무서워진다는 것도 비슷하다. 책의 경우, 출구는 나의 뇌 상태라고 할 수 있다. 하지만 뇌 상태는 아무리 히~ 히~ 후~ 하고 숨을 쉬어 보아도 효과가 있을 리 없다.

예정일이 정해져 있어 카운트다운을 할 수 있다는 것도 출판과 출산의 공통점이다. 두근거리기도 하고, 날아오를 정도로 흥분되기도 한다. 출산/출간 날짜가 가까워질수록 불안하고 초조해지는 것도 같다. 기분이 나빠지거나 잠들지 못하는 밤이 계속되는 것도, 내 증상을 보면 똑같다. 정기적으로 의사(편집장)에게 성장 정도(원고의 진행 상태)를 체크받아야 하는 것도 같다. 마찬가지로 태어난 내 아이가 만약 조금 부족한 아이라 하더라도 부모는 자신의 아이가 가장 귀엽다고 생각하는 것도 같다.(딸아, 일반론이니 신경 쓰지 말거라.)

그래서일까. 산처럼 쌓여 있는 반품된 책들을 상상하고, 시집갈 리가 없는 딸에 대한 망상은 점점 커져만 간다.(말해 두지만 내 딸은 아직 초등학생이다.) 자기 혼자 멋대로 상상하며 가슴 아파하면서 딸에게 "저녁엔 뭐가 먹고 싶니?"라며 상냥하게 물어보기도 하고 그런다.

인쇄에 들어가기 전에 편집장은 이 원고를 훑어보면서 '불길한 말을 한다.'고 생각할지도 모른다. 하지만 이는 나와 엮인 운명이라고 생각하고 포기해 주길 바란다. 나는 확실하게 부정적으로 생각하는 사람이다.

그런 내가 2009년의 새해 참배를 갔을 때다. 참배하는 곳 바로 옆에 쓰여 있는 '오늘의 운세'라는 글자가 문득 눈에 들어왔다. 그렇지 않아도 매사를 부정적으로 생각하는 내가 '운세'를 보다니……. 있을 수 없는 일이었다. 대길을 뽑았다면 '여기에 의지하다 보면 따끔한 맛을 보게 될 거야!'라고 생각할지도 모른다. 만약 흉이라는 글자가 나오면 허탈감 때문에 걸어서 돌아오지 못했을 것이다.

"필요 없어, 필요 없어. 안 볼 거야, 안 볼 거야."라고 중얼거리며 외면한 채 걸어가고 있었다. 그때 딸아이가 히죽거리며 다가왔다. "엄마 것도 뽑아서 열어 봤어!"라며, 긴 종이를 양손에 팔랑거리면서 말이다.

어느 나라에서 다른 사람의(부모이지만) 운세를 대신 본단 말인가.

"이런 거는 자신이 직접 뽑아야 하는 거야!"라고 딱 잘라 거절하면서도 은근 슬쩍 점괘를 보았다. 그런데 딸아이는 대길이고, 내 것이라고 뽑아 온 것은 오 마이 갓! 말길(조만간 운이 좋아지는 것)이었다. 다행히 딸은 "대길이 엄마 것 아 냐?"라며 호들갑을 떨지 않을 만큼의 점잖은 면모를 보여 주었다. 하지만 이번 엔 다시 "내 것이 아냐, 내 것이 아냐!"라고 말하면서 염불을 외웠다. 난 도저 히 신경이 쓰여서 가만히 있을 수 없었다. '직업란'을 보니 이번에는 '손해를 본다.'고 되어 있다.

역시 이번에도 대량으로 반품될 책들 틈에서 딸에게 "저녁에 뭐 먹고 싶어?" 라고 묻게 될 거다. 동방에서 떠오르는 신(합쳐서 동방신기)에게 손을 모아 기도 할 수밖에 없다.

나고야 공연
—최초 원정1

여기서부터는 블로그에서도 높은 조회 수를 기록했던 라이브 콘서트의 리포트와 같은 내용이다. 먼저 나고야의 〈동방신기 2nd LIVE TOUR "Five in the Black"〉에 갔던 일이다.

생각해 보면 이것이 나의 최초 원정이었다. 이 원정을 계기로 내 안에서는 '아무리 멀어도 가고 말겠다.'는 생각이 지금까지와는 전혀 수준이 다를 만큼 높아졌다.

난 오래 전부터 이메일로 수다를 떠는 한국 친구가 있다. 그녀의 이름은 혜경(가명)으로 유천의 팬이다. 그녀와 나는 '함께 유천의 생일(라이브 다음 날이 생일)을 축하해 주자!'고 약속했고, 나고야 공연에 함께 다녀왔다. 비기스트에서 나고야 공연 티켓을 신청한 날부터 공연을 하기까지의 시간은 참으로 길었다. 무려 반년을 기다렸다.

나에게 있어서는 첫 원정이었다. 홀로 신칸센을 타는 것도 처음이었고, 나고야에 가는 것도 처음이었다. 그리고 한국 친구와 만나는 것도, 한국말을 직접 듣는 것은 물론 이야기하는 것도 처음이었다. 나고야에 제대로 도착한 건지, 여기서 중부국제공항까지 갈 수 있는 건지(나는 나고야에는 가 본 적이 없다. 그러면서 일본이니까 괜찮겠지 하는 막연한 생각에 "마중 나갈게."라고 말해 버렸다.) 혼란스러웠다. 그리고 무사히 그녀와 만날 수 있을까? 만나서 대화가 잘 안 되면 어떻게 하지? 콘서트에 가기 전부터 이런 상태였다. 나의 머릿속은 창민, 아니 '나 지금 동방신기 투어에 가는 거 맞지.' 하는 생각뿐이었다.

나고야 원정을 가기 한 달 전, 창피를 무릅쓰고 친구에게 "신칸센은 어떻게 타는 거야?"라고 물었다. 친구는 "도쿄 역으로 가서 토카이도 신칸센 승차장으로 가면 탈 수 있어!"라고 답해 주었다. "그거야 그렇겠지만 그 다음은……." 하는 수준이었다. 그러나 토카이도 신칸센을 타는 곳은 실수를 하려 해도 할 수 없을 정도로 찾기 쉬웠다. 나는 안도의 한숨을 내쉬며 나고야로 향했다.(^^)

나는 도쿄에서 태어나 도쿄에서 자라고, 이동 수단은 자동차가 기본인 생활을 해 왔다. 여행이라고 해 봤자 가족과 함께 이즈에 다녀왔을 뿐, 지금까지 인생을 살면서 후지 산을 지나가는 일 따위는 없었다. 죽 SU-CA(JR동일본의 교통 카드)를 사용할 수 있는 권역에서만 살았다. 이 때문에 중부 지방은 TO-CA(토카이 지방에서 사용)라는 것도 그때 처음으로 알게 되었다. TO-CA에 펭귄(SU-

나고야 공연—최초 원정1 **93**

〈Five in the Black〉(세컨드 앨범/일본)
〈Five in the Black〉인데 갈색이 되어 버렸다.(^^) 실제로는 바닥에 언제나처럼 긴 다리를 뻗고 있는데 이 꼬마 캐릭터들은 "이봐, 소파가 더러워지니까 신발을 벗어." 라고 해야 할 만큼 다리가 대롱대롱한 상태다.

CA의 이미지 캐릭터)은 없었다.

마침내 중부국제공항에 겨우 도착했다. 공항으로 여자를 마중하러 나온 것도 처음이었다. 심장이 두근두근(이제부터는 한국말 모드)댔다. 도착 게이트에서 10분을 기다렸다. '이 비행기는 카시오페아 전용기인가?' 라는 생각이 들 정도로 젊은 여자 아이들이 우르르 몰려나왔다. 그들이 하는 이야기를 들어 보려고 귀를 쫑긋 세웠다. 모두가 빠른 말로 "언니~"하며 다정하게 수다를 떨고 있었지만 무슨 말을 하는지는 전혀 알 수 없었다. 나의 맥박은 엄청난 스피드로 뛰고 있었다. 괜찮을까?

드디어 그녀가 나타났다. 그날 입을 옷 색깔을 미리 얘기해 주었기 때문에 금방 알 수 있었다. 인터넷 친구와 실제로 만났을 때 예상했던 모습과 다른 느낌을 받는 것은 언제나 즐거운 일이다. 몇 번을 경험해 봐도 처음 만나는 상대에 대해 무언가를 알고 있다는 것은 정말로 신기한 일이다.

혜경은 조금 화려하고 통통 튈 것 같은 성격일 거라고 예상했다. 그런데 실제로는 화장도 하지 않은 쌩얼에 느낌도 차분했다. 왠지 마음을 편안하게 해 줄 것 같은 타입이었다. 나는 "잘 오셨어요. 정말 만나고 싶었어요."라고 첫인사를 건넸다. 뜻이 제대로 전달되었다. 이 한 마디에 나의 긴장은 완전히 풀렸다. 출발이 썩 좋다.

혜경은 3명의 친구와 함께 비행기를 타고 왔다. 그래서 우리는 4명의 한국 팬과 나, 이렇게 총 5명이 함께 호텔로 이동했다. 그중에는 일본어를 공부하고 있는, 아주 고마운 학생도 한 명 있었다. 나는 그녀와 전철 안에서 일본어와 한국말을 섞어서 대화를 주고받았다. 어디에 가고 싶은지, 무슨 일을 하는지 등 이것저것을 묻고 대답했다. 이것저것이라고는 해도 둘의 외국어 수준이 비슷했기 때문에 그리 깊은 대화는 나눌 수 없었다.

어디에 가고 싶은지를 물었다. 그녀들은 "일본은 잘 모르니까 안내해 주세요."라고 했다. 과연 어디를 데리고 가면 잘 데려갔다고 소문이 날 것인지 고민이 이만저만이 아니었다. 나고야성의 금으로 된 동물 장식에는 흥미 없겠지, 등의 고민을 하던 찰나에 모든 결정이 이뤄졌다. 이걸로 일단 안심이 되었다.

먼저 선샤인 사카에 빌딩에 있는 거대한 관람차를 타고 싶었다. 동방신기 멤버들도 예전에 이 관람차를 탔었다고 한다. 미처 체크해 놓지 못한 나는 그곳에 도착할 때까지 몇 번이나 사람들에게 길을 물어봐야 했다. 그런데 "잠깐 물어보고 올 테니까 기다려요!"라고 한국말로 말하고 나면, 다음에는 꼭 "저기요."라는 한국말이 튀어나오려고 했다. 머리를 진정시키고 가게 점원에게 "스미마셍~" 하고 길을 물었다. 머릿속이 복잡해졌다. 나에게 '언어 전환 스위치' 같은 기능이 없는 것이 안타까울 따름이었다. 일본에 있는데도 한국말이 통한다는 게 흥분되면서도 한편으론 매우 감사했다. 그리고 우리는 이런 상태

로도 무사히 선샤인 사카에에 도착할 수 있었다.

칸라무챠를 한국말로 발음하면 '관람차' 가 된다. 일본 사람인 내가 듣기에는 비슷하다고 생각되지만 '칸란챠(관람차의 일본식 발음)' 라고만 해도 그녀들은 전혀 알아듣지 못했다. 나는 그 모르겠다고 하는 부분을 더 모르겠다.

마을에 우뚝 솟아 있는 그 관람차를 나는 별로 좋아하지 않는다. 고소공포증이 있기 때문이다. 게다가 그 둥근 놀이 기구는 전면이 투명하게 되어 있다. 공항에서 오늘 흘릴 땀을 다 흘렸다고 생각했는데 이런 곳에서 다시 땀을 닦아야 하다니……. 나중에 영상을 보고 알게 된 일이지만 유천도 나와 완전히 똑같은 모습이었다. 관람차 안에서 혜경이 "저거는 노래방(가라오케)이에요?"라고 물었다. 하지만 아래를 볼 수 없는 나는 "챠, 챠, 챠칸만뇨(잠깐만요)."라고 대답할 수밖에 없었다.

그 뒤로도 한국 말로 "이쪽에 있어요."라며 라면 가게로 안내한 뒤 동방신기 멤버들이 좋아한다던 돈코츠 라면을 주문했다. 하지만 그 지역에 익숙하지 않은 어설픈 가이드가 찾아서 데려간 가게에서는 역시나 어설플 정도로 맛없는 돈코츠 라면이 나왔다. 일본에 와서 처음으로 먹은 식사가 이거라니, 엄청난 죄책감에 나 스스로를 책망하며 호텔로 돌아왔다.

요로분, 정말로 죄송해요.

나고야 공연
—최초 원정2

"오늘도 힘내자고요!!"

왠지 소박한 나고야 사투리다. 이 말을 듣자 다리의 힘이 풀려 버렸다. 오프닝에서 검은 넥타이를 매고 나와 근사한 분위기에서 갑자기 사투리를 쓰다니……. 황당한 반전에 모두들 당하고 말았다.

혜경과 만난 다음 날 라이브 현장. 우리의 자리는 2층 6번째 줄이었다. 처음엔 자리가 좋지 않은 것 같다고 생각했는데 이를 어쩌면 좋아! 좋지 않은 게 아니라 육안으로 봐도 얼굴이 확실하게 보이는 자리였다. 6월 3일에만 공연이 있어서(앞에서 언급했듯이 다음 날은 유천의 생일이다), 주변 사람들이 갖고 있는 직접 만든 부채는 언뜻 봐도 유천을 응원하는 비율이 높았다.

밖에서는 한국의 팬 사이트에서 유천의 생일을 축하하기 위해 '유천 Happy Birthday'라고 쓴 부채를 대량으로 만들어 원하는 사람에게 무료로 나눠주고

있었다. 하지만 이는 주최측의 입장에서 볼 때는 NG였던 것 같다. 공연장 안으로 들고 들어오기가 너무 어려웠기 때문이다. 잠깐이라도 밖으로 나가려고 하면 일망타진하듯이 관계자들이 그것을 회수하러 걸어다녔다. 무대 앞은 물론 통로마다 응원단 같은 자세의 청년들이 1미터 간격으로 서서 감시하고 있었다. 부채 박멸 태세였다.

기본적으로 이 사람들의 임무는 공식적으로 허용되지 않은 것을 갖고 들어왔는지를 확인하고 콘서트 장면을 몰래 촬영하는 것을 막는 것이다. 네네, '찍지 않고, 녹화하지 않고, 나가지 않고, 내려가지 않고, 라이트 켜지 않기'라는 거 잘 알고 있다니까요.

즐거운 라이브는 눈 깜짝할 사이에 끝났고, 앙코르 곡이 나왔다. 〈Sky〉에서는 다시 한번 멤버들이 등장했다. 어떤 놀라운 일이 벌어질까? 내일은 무슨 날? 지금부터 뭐 할까? 잔뜩 기대가 되었다.

"다음 곡을 부르기 전에 잠깐 하고 싶은 게 있습니다." 드디어 윤호의 목소리가 들렸다.(왔다!!) 회장 안은 커다란 함성으로 가득 찼다. 그러나 케이크도 없는 상태에서 '시작~ 하고는 멤버들이 'Happy Birthday to you~'를 부르고는 끝나 버렸다. 그 순간 유천의 쑥스러운 듯한 미소가 인상에 남았다. 또 일본까지 직접 축하하러 와서 "유천아, 생일 축하해!!"라며 완전히 맛이 간 목소리로

소리를 지르는 혜경에게도 다행이라는 생각이 들었다.

콘서트가 끝나자 예상했던 대로 한국 팬들은 "히츠마부시(장어덮밥)를 먹을래
요."라고 했다. 동방신기가 히츠마부시를 매우 좋아하기 때문이다.

일본어를 할 줄 아는 그 친구에게는 나고야에 사는 친구가 있었다. 그 친구도
동방신기 팬이었기 때문에 우리는 그 사람들과 자연스럽게 합류했다. 이 지역
에 익숙한 사람이 있다는 사실에 순식간에 내 몸을 감싸고 있던 긴장이 풀렸
다. 정~~~말로 고마웠다. 그녀는 한치의 망설임도 없이 우리를 목적지로 데
려갔다. 나는 태어나서 처음으로 '장어'를 먹어 보았다. 유천이 "히츠마부시는
예술품이다!"라며 맛있게 먹은 만큼 나도 용기를 내서 먹어 보았다. 사실 장어
를 잘 못 먹는데 말이다.

한국어 사전에서 '장어'를 찾으면 '뱀장어(장어는 긴 생선이라는 의미)'라고 나
온다. 장어를 뒤집었을 때의 무늬가 정말로 뱀 같아서 도저히 먹을 수가 없었
다. 씹을 때의 기름 냄새도 참기 힘들었다. 그래도 한국 사람들은 그냥 '장어'
라고 부른다고 한다. '뱀'자는 붙이지 않는다고 하니 그 점은 고마운 일이다.

일반 장어덮밥과 비교했을 때, 히츠마부시는 각각의 재료들이 잘게 들어가
있어서 의외로 먹기 쉬웠다. 가게에 '한 공기는 그런 대로 먹을 만하다'고 쓰여

비기스테이션

윤호와 창순은 소꿉친구다. 피앙세를 소개한다는 윤호의 말에 등장한 사람이 순자여서 차미코는 쇼크 상태이다. 윤호를 기다리는 사이, "히츠마부시(시간 때우기)를 하면서 이런저런 생각을 했으니까 괜찮아!"라고 말하면서 촐랑거리며 준코가 등장한다. 그 순간 나는 의자에서 넘어질 정도로 폭소했다. 윤호에게 실연당한 재준코를 그렸더니 4명이 되어 버렸다. 이 때문에 그림 여기저기에 믹키의 얼굴을 넣어 '5명'으로 만들었다.(^^)

있었다. 하지만 나에게는 '첫 숟가락은 그런 대로 먹을 만하다' 정도였다. 잘게 썬 파와 와사비를 넣으니 이것이 또 의외로 괜찮은 조합이 되었다. 마지막에는 국에 말아서 먹었다. 그런데 한국 사람들은 국물에 넣은 밥을 젓가락으로 먹는 다는 걸 이해할 수 없다는 표정으로 바라보았다. 한국에서는 밥은 숟가락으로 먹기 때문이다.

"이렇게, 이렇게" 하며 밥공기를 손에 들고 젓가락으로 밥을 입으로 넣는, '물에 말아먹는 밥'을 직접 보여 줬다. 하지만 나는 솔직히 국물에 장어의 기름 이 씻겨 나가니까 향신료만 넣는 것이 좋았다. 그래도 먹는 방법을 보여 주기 위해 죽죽 긁어 먹었다. 그래서 그런지 유천이 말한 예술의 경지는 느끼지 못 했다.

이렇게 눈 깜짝할 사이에 이틀이 지나가 버렸다. 다음 날 비행기로 돌아가는 혜경은 당분간 못 만난다며, 그날 도쿄로 돌아가는 나를 신칸센 타는 곳까지 마중 가겠다고 했다. 그러나 나와 헤어진 다음 무사히 호텔로 돌아갈 수 있을 까 하는 걱정이 들었다. 그래서 결국은 호텔 앞에서 헤어지기로 했다. 이메일 로 다시 만날 약속을 하고 말이다.

그녀와 만나게 된 일은 정말 기쁘게 생각한다. 인터넷은 역시 인터내셔널이 라는 것을 절실히 느끼는 순간이었다.

TVXQ
XIAH MICKY HERO MAX U-KNOW

롯데 면세점의 이미지 모델은 지금까지 다양한 한류 스타가 담당해 왔다. 모두 '완벽한 미소' 로 팸플릿이나 클리어 파일, 재떨이나 커피 잔이 되어 있었다. 그것을 동방신기가 하면, 5명이니까 촬영 자체가 즐거울 것이다. '그 얼굴, 진짜로 웃고 있는 거지?' 라고 하는 자연스러운 분위기가 연출되어 실로 좋은 느낌이다.

동방견문록
—첫 서울
콘서트

〈동방신기 2nd LIVE TOUR "Five in the Black"〉의 나고야 공연(6월)으로 나는 원정의 참맛을 알게 되었다. 결국 나는 10월에 서울에서 열린 앙코르 콘서트(2nd ASIA TOUR CONCERT "O")에도 원정을 갔다. 여기에 게재한 내용은 그때의 흥분을 리포트 형식으로 정리한 것으로 콘서트 체험 수기임을 미리 말해 둔다.

나고야 공원에 함께 갔던 혜경이 끊어 준 티켓은 스탠딩 A구역이었다. 더 이상 좋은 자리가 없을 정도로 좋은 티켓이었다. 정말 고마웠다. 그러나 한국의 스탠딩석은 일본과 전혀 달랐다. 너무 다른 모습에 나는 그만 웃음을 터트리고 말았다.

이번에는 혜경과 친구 은혜(가명), 일본에서 함께 간 친구까지 4명이었다. 나와 친구가 서울에 도착한 건 4시. '스탠딩 관객들은 2시간 전부터 미리 대기해

주세요.'라고 되어 있었는데, 아무리 생각해도 지각이었다. 그게 너무 신경 쓰였다. 그래서 공항까지 마중 나온 혜경에게 "시간 괜찮아? 늦어서 미안해!"라고 사과했다. 그러나 혜경은 번호가 900번대라며 서두르지 않아도 된다고 했다. '900번대라, 내 키로 과연 보이려나?' 하는 생각이 스쳤다. 하지만 일단 지하철에 탔다.

콘서트장에 도착하니 이미 대부분의 팬들이 안으로 들어가 있는 상황. 덕분에 콘서트장 밖은 한산했다. 입구를 향해 걸어가며 "모두 같은 구역이니까 다함께 볼 수 있겠네."라고 말했다. 그러자 혜경은 "처음에는 같이 있지만 도중에 움직이니까 우리 끝나고 나서 만날 장소를 정해 둬요."라며 "여기, 끝나면 여기서 기다려요."라고 하는 것이다. 응? 움직인다고? 뭐, 괜찮겠지. 네네.

한 아저씨가 "스탠딩 A구역이신 분들은 빨리 입장해 주십시오."라고 확성기에 대고 외치고 있었다. 우리는 단숨에 콘서트장으로 들어갔다. 그런데 이게 웬일? A구역은 이미 문을 닫고 있는 분위기였다. 혜경과 은혜가 엄청난 속도로 달려가 들여보내 달라고 했다. 한 아저씨가 "이쪽으로 들어오세요."라며 검은 막대를 들어올려 주었다. 그래서 이상한 곳을 빠져나가 겨우겨우 A구역으로 들어갈 수 있었다. 여기서부터 이미 나는 폭소 모드였다. 해외 여행에서 해프닝은 당연히 따르는 것이지만, 처음부터 예상치 못한 상황들이 계속되고 있었다.

벽을 따라 들어오다가 나는 그만 넋을 잃고 말았다. 내가 벽이라고 생각하고 짚었던 것이 사실은 무대였던 것이다. 일본에서는 무대 바로 앞에는 기재가 있거나 울타리가 있어서 코앞 좌석이라고 해도 2,3미터는 떨어져 있는 것이 보통이다. 그런데 한국에서는 코앞이라고 하는 것이 정말로 코앞이어서 손을 뻗으면 멤버들에게 손이 닿을 수 있을 정도의 거리였다. 게다가 늦게 들어온 우리나 빠른 번호로 들어온 사람들이나 있는 자리는 꽤 평등했다.

나는 먼저 들어온 사람이 스테이지 앞에 포진하고 있는 일본의 라이브 하우스 같은 스탠딩을 상상했었다. 그래서 '뭐지?' 하는 느낌이었다. '왜 자리 싸움을 안 하는 걸까?' 하며 의아해했다. 모두들 아예 땅바닥에 앉아서 공연을 기다리고 있는 것도 신기했다.

하지만, 뭐, 세상에는 여러 가지 동물이 있는 거니까. 사자가 있으면 호랑이도 있고, 소도, 토끼도 있으니까.(각각의 팬이 각 멤버와 관련된 옷을 입곤 한다. 눈에 띄면 그곳을 봐 줄지도 모르니까.)

공연이 시작되고 잠시 후, 나는 이 사태를 납득할 수 있었다.

한국에서는 스탠딩 관객들이 이리저리 돌아다닐 수 있었다. 그렇게 하라는 규칙은 어디에도 쓰여 있지 않았지만 말이다. 가 본 적이 있는 사람이라면 알겠지만 나는 그때 처음 알았다. 구역을 나눠 놓은 사각 울타리 안에서는 자석이 철

서울에서 열린 〈2nd ASIA TOUR CONCERT "O"〉의 '풍선' 연출에서는 5명의 멤버가 유원지에 가는 애니메이션 영상이 처음으로 스크린에 상영되었다. 놀이 동산에 간 그들은 비행기 놀이 기구에 탔고, 그것은 굉장한 스피드로 멤버들을 우주로 데려갔다. 비행기에 탄 귀여운 멤버들은 노래를 부르며 등장했다. 비행기 색을 확인하기 위해 몇 번이나 DVD를 봐야 했다.

을 끌어당기듯(비유가 좋지 않지만) 콘서트 내내 멤버들에 맞춰 움직였다. 각각의 팬이 꺄~ 소리를 지르며 더 가까이, 더 가까이 모였다 자리를 바꾸는, 마치 세탁기 속 같은 상황이었다. 예를 들어 유천이 움직이면 밑에서 반짝이던 믹키봉이나 '박유천 최고'라고 적혀 있는 수건을 든 아이들이 그쪽으로 모여들었다.

나는 '완전 재미있다'며 공연을 즐기면서도 끝난 뒤에 미아가 될지도 모른다는 고민에 휩싸였다. 정신을 차렸을 때는 이미 혜경이도, 일본에서 함께 온 친구들도 보이지 않았다. '어떻게 하지?'라는 생각을 하고 있는데 은혜가 눈에 들어왔다. 그녀는 키가 175cm로 꽤 크기 때문에 찾기가 쉬웠다.

은혜는 내가 자신을 곁눈질로 확인하면서 동방신기를 보고 있다는 걸 알고 있었다. 내 왼팔을 옆구리에 고는 "다음 곡은 풍선이니까 이쪽", "다음은 유천의 솔로곡이니까 이쪽으로 오세요!"라며 나를 이끌었다. 역시 한국의 유천 팬다웠다. 이보다 더 좋을 수 없을 정도로 완벽한 가이드를 해 줘서 나는 그저 "어~~머~~"하며 이끌려 다니기만 했다. 은혜가 나를 데려간 그 자리에서 위를 올려다보니, 눈앞에, 정말로 바로 위에서 유천이 노래를 부르고 있었다. 정말로 행복한 경험이었다.

은혜는 정말로 좋은 아이였다. 157cm+힐 5cm의 내가 아등바등 허우적거리고 있을라치면 멀리서 왔으니까 유천을 제대로 봐야 한다며 마치 인명 구조 요

원처럼 "여기가 잘 보일 거예요." 하며 나를 이끌어 주었다. 그리고는 "유천 사랑해~~."라고 소리를 지르며, 그 위로 '박유천 최고'라고 적힌 긴 수건을 펼쳐 흔들었다. 우리는 하나가 되어 기둥처럼 서 있었다.(아래에 있는 순서부터, 믹키봉―내 얼굴―은혜 얼굴―박유천 응원 수건)

가장 신기했던 것은, "이번엔 이쪽"이라는 말과 함께 재중의 뒷모습이 아래로 아득히 보이는 위치로 갔을 때다. '뭐지?'라고 생각한 순간 갑자기 멤버들이 서 있는 무대가 올라가더니 회전하기 시작했다. 그 순간 유천이 이쪽을 향해 오고 있었다. 재중은 뒷모습만 보였기 때문에 재중의 팬들은 별로 없었다. 이 장소는 알려지지 않은, 비어 있는 최적의 장소였던 것이다. 정말 대단하다는 생각이 들었다. 흥분의 도가니였다.

〈Sky〉에서는 유천과 준수가 춤을 추면서 장난을 치는 모습도 바로 아래쪽으로 볼 수 있었다. 〈Love in the Ice〉에서는 유천의 바로 뒤에 있었기 때문에 땀이 떨어지는 모습은 물론 탄탄한 등 근육(이상한 표현인가?)과 노래하는 모습을 가까이서 볼 수 있었다. 나는 말 그대로 졸도할 것 같았다. 실제로 실신한 팬들이 있다는 걸 나중에 알게 되었다. 납득할 수 있었다. 이렇게 가까운 거리에서 보면 정말로 쓰러질 만하다는 생각이 들었다. 비행기를 타고 한국까지 날아온 보람이 있었다.

이렇게 해서 흥분으로 가득했던 콘서트가 눈 깜짝할 사이에 끝났다. 팬들이 순서대로 콘서트장을 빠져나갔다. 그런데 혜경이와 내 친구의 모습이 보이지 않았다. 뭐, 만나는 장소를 정해 놨으니까(이런 뜻이 있었구나.) 그 쪽으로 가면 된다고 은혜와 말하고 있었다. 그런데 무대를 사이에 둔 건너편, 즉 C구역에 서 있는 혜경을 발견했다.

"왜 거기 있어?"라고 물었더니 콘서트 도중에 갑자기 화장실에 가고 싶어졌다는 것이다.(나라면 바지에 싸더라도 남아 있었을 것이다.) "밖에 나갔다 오니 여기 였어. 그런데 눈앞에 유천이 와서 내 바로 위에서 〈Love in the Ice〉를 부른 거야.' 그래서 거의 반 실신 상태로 쓰러졌다고 한다. 쓰러진 혜경을 가장 먼저 발견한 내 친구가 옆에서 부축해 줘서 무사히 4명이 밖으로 나올 수 있었다고 한다. 모든 게 너무나 환상적이었다.

여담이지만, 몹시 붐비는 스탠딩 구역에서는 가끔 신사복 차림의 아저씨가 확 비집고 지나가는 경우가 있다. 처음엔 몰랐는데 카메라로 도촬하는 팬들을 단속하는 사람이라고 한다. 그가 자리를 뜨면 모두들 여기저기서 촬영을 하기 시작한다. 하지만 발견되면 끌려갈 수 있으므로 조심해야 한다. 원래 해서는 안 되는 일이다.(^^) 내가 있던 곳을 담당하던 아저씨는 풍채가 좋고 얼굴이 기름진 타입이었다. 꽤 더웠는지 창민도 울고 갈 만큼(!) 폭포수처럼 많은 땀을 흘렸다. 그런데 웃긴 것은 "여기서 조금만 쉬게 해 달라."며 자리에 앉더니 그

비기스테이션

끝까지 도망치지 못해서 한 것인지, 아니면 정말로 하고 싶었던 건지, 리더가 여자 역을 하게 되었다. 모기가 우는 듯한 가냘픈 목소리로 말이다. 재중에게 차이고 빗속에서 울고 있자 준수가 위로해 준다. 사실 준수는 유노코에게 마음이 있었던 것이다. 유노코를 찬 재중은 드라마가 끝난 뒤, 실제로 이런 대사를 읊었다.(라면을 후루룩 하고 먹은 건 다른 코너에서 라면 이야기를 했었기 때문이다.)

만 축 늘어지는 것이었다.(ㅎㅎㅎ)

이런 경험은 일본에서는 상상할 수 없는 일이라 웃음이 나왔다. 또 아이들이 "아저씨, 땀 닦으세요!"라고 하며 손수건을 건네주자, 그는 "그래, 고마워!"라고 하며 손수건을 받아 땀을 닦았다. 그 밖에도 주변에 있는 다른 아이는 부채로 땀을 식혀 주기도 했는데, 이런 광경은 일본에서는 전혀 볼 수 없는 것이다.

땀을 닦는 아저씨를 보니, '멤버들이 땀을 닦고 돌려주면 그 타월은 가보'라고 말했던 카시짱의 말이 생각났다. 저 손수건도 돌려받을까? 뭐, 콘서트 중이니까, 하는 생각을 하면서 무대 위가 신경이 쓰여 고개를 돌렸다. 그 손수건의 행방이 어떻게 됐는지는 알 수 없다.

콘서트장 출구에 있던 담당자도 재미있었다. 일본이라면 틀림없이 "멈추지 마십시오."라고 말할 타이밍이었다. 그런데 그 사람은 "오늘 즐거웠어요? 또 오세요. 사요나라(이건 일본어이다)~ 차이치엔~(중국말)"이라고 하며 밝게 말을 걸어 주었다. 팬들 역시 "수고하세요."라고 인사하는 것도 신기했다.

정말로 무아지경이었다. 정신을 차리고 보니 끝나 있었다는 느낌인데, 지금 생각해 봐도 너무 아깝다. 왠지 한국 콘서트에 자주 원정 오는 버릇이 생길 것만 같다.

편의점에서 이상한 사람이 되다

나고야 공연 티켓은 편의점 로손에서 샀다. Loppi라고 하는, 귀여운 이름의 기계에 당첨된 예약 번호를 입력하면 긴 종이가 나오는데, 그 종이를 카운터로 갖고 가서 대금을 지급하는 발권 시스템이다. 예약 통지서에는 어느 좌석인지까지는 나와 있지 않기 때문에 카운터에서 티켓을 받기까지의 시간이 또 스릴 만점이다.

긴 종이를 카운터 아르바이트생에게 건네자 티켓을 발행해 주며, "이렇게 하면 되겠습니까?"라고 물었다. 하지만 나의 시선은 이미 티켓 구석에 적힌 아리나인지 스탠드인지 하는 곳의 좌석에 팔려 있었다. 티켓 자체는 확인도 안하고 "네."라고 대답했다. 서둘러 돈을 내고 '방학하는 날 통지표를 받아 보는 초등학생'처럼 봉투를 살짝 열어 보았다. 두근거리는 마음을 진정시키며 티켓 좌석번호를 확인해 보았다. 내 옆에 있던 자동문은 열렸다가 닫히기를 반복하고 있었다. 그러면서 '이렇게 정신 없는 곳에서 모든 좌석의 가격이 같다는 건 평등

편의점에서 이상한 사람이 되다 **113**

〈T〉(3nd 앨범/일본)
윤호가 세트 전구를 만지작거리다가 깨뜨리는 바람에 촬영이 길어졌다. 비기스테이션에서 말한 이 에피소드를 듣고 그것을 기반으로 상상해서 그렸다. 더불어 디지털 일러스트는 빛나는 전구를 그리는 것에 적합하다는 사실을 깨달았다.

한 것일까, 불평등한 것일까?'라는 생각을 하며 중얼거리고 있었다.(결국 좋은 자리는 아니었다.)

문제는 다음 해에 열리는 〈3nd LIVE TOUR 2008 "T"〉였다. 이번엔 로손이 아닌 '써클 K 산쿠스'에서 티켓을 구입해야 했다. 친구의 표까지 함께 신청했기 때문에 편의점 카운터에서 값을 지불하기에는 금액이 상당히 컸다. 살고 있는 근처의 가게에 가면 아는 누군가가 뒤에서 "장 보러 왔어?" 하며 등을 두드릴지도 모를 일이다. 그런 곳에서 4만 엔 또는 5만 엔이라며 큰 소리로 말하면 누구라도 호기심이 생길 것이다.

이런 일은 지난번 라이브 투어 티켓을 살 때 이미 경험한 바 있다. 그래서 이번에는 차를 타고 가야 할 만큼 먼 곳으로 가서 사기로 했다. 하지만 다른 편의점에 비해 점포 수가 적어서(지역 차가 있다 보니) 적당한 장소가 떠오르지 않았다. 그래서 인터넷으로 찾아보기 위해 써클 K 산쿠스의 홈페이지에 들어가 보았다. 그런데 점포 검색이 느리고 좀처럼 화면이 열리지 않았다. 전국의 비기스트들이 나와 같은 이유 때문에 접속하고 있는 건가 하는 생각이 들어 웃음이 나왔다. 시기를 계산해 보니 내 생각이 틀림없다는 생각이 들었다.

내가 향한 곳은 집에서 자동차로 20분 정도 떨어진 곳이었다. 이걸로 아는 사람들이 어깨를 두드릴 일은 없을 거라며 안심했다. 그런데 아뿔싸, 써클 K 산

쿠스의 발권 시스템 단말기는 카운터에 딱 붙어 있는 것이었다.

점원은 터치 화면의 디스플레이를 나를 향해 돌려 놓고, "여기에 입력하세요."라고 했다. 예약 번호와 내 전화번호 등을 입력하자 잠시 후 예상했던 것보다 훨씬 큰 글씨로 〈동방신기 3nd LIVE TOUR 2008 "T" 요코하마 경기장〉이라고 뜨는 것이 아닌가. 잠시 당황했지만 이내 "여러 장 살 거니 계산은 한꺼번에 할게요!"라고 말했다. 그런 다음, 전화번호를 입력할 때는 휴대폰을 보면서 마치 다른 사람에게서 부탁받은 것처럼 잔꾀를 부려 보았다. 합계 금액이 무려 6만 엔이었다.(당연히 친구의 몫까지 포함되어 있다.) 카운터에 있는 아주머니는 '옴마, 동방신기 때문에 6만 엔이나 써?!'라는 표정으로 나를 바라보고 있었다. 한 줄기, 두 줄기 땀방울이 흘러 내렸다.

하지만 이건 요코하마와 오사카 몫이다. 아직 히로시마에서의 이틀과 사이타마 슈퍼 아레나의 이틀이 더 남아 있었다. 그래서 난 다른 가게를 노리기로 했다. 대낮에 당당히 갈 수 있는, 인기 없는 곳을 찾기로 한 것이다. 다소 한가로운 느낌의(실례) 편의점을 찾았다.

얼굴을 다 덮는 헬멧이라도 쓰고 갈까 하는 마음이 없었던 것도 아니다.(그저 돈을 지불하기 위해) 그러나 이번에도 결국 아무도 눈치 채지 못할 장소에서 식은 땀을 흘리며 티켓 대금을 지불했다.

행운의 MIROTIC PARTY

"괜찮아! 남편에게 바로 말하고 올 테니까 넌 여기서 기다려."

싱글 CD 〈주문—MIROTIC〉의 일본 발매를 기념하여 동방신기에게 듣고 싶은 '결정적인 대사 한 마디(설득하는 말)'를 모집하는 이벤트가 있었다. 기발한 멘트를 보내 준 사람은 추첨을 통해 시크릿 이벤트인 〈MIROTIC PARTY〉에 초대받을 수 있었다.

나는 실제 나이를 밝힘과 함께, 앞서 말한 것처럼 바보스런 '결정적인 한 마디'에 응모했다. 당연히 당첨은 바라지도 않고 있었다. 그러던 중 내가 당첨됐다는 이메일이 온 것이다. 그것도 한 자릿수의 당첨 번호로 말이다.

이번 시크릿 이벤트의 총 응모 수는 2만 건으로, 그중에서 이벤트에 초대받을 수 있는 사람은 100명이라고 했다.

이벤트 장소는 아자부주방(일본의 부촌)에 있는 화려한 라이브 하우스(이벤트 공간이랄까)였다. 당첨 이메일에 적혀 있는 당첨 번호순으로 줄을 서서 10명씩 안으로 입장했다. 안에는 '어머? 이게 무대야?' 하는 의심이 들 정도로 낮은 스테이지가 있었다. 그리고 그 앞에는 은행의 ATM기 근처에나 있을 법한 줄(테이프랄까)이 쳐져 있었다. 그 줄을 따라 안으로 들어가는 듯했다. 그렇군! 이 곳은 바로 스탠딩이었다. 맨 처음 10명의 무리 중에 반이 유천의 팬일 정도로 비율이 높았기 때문에 나는 앞에서 두 번째 줄에 섰다.

어둑어둑한 실내에 점차 눈이 익숙해지자 갑자기 식은땀이 흘러내렸다. 작은 스테이지가 바로 코앞에 있었기 때문이다. 조명을 테스트하기 위해 라이트를 켠 순간, 내가 얼마나 좁은 공간에서 그들을 보게 될지 감이 왔다. 작은 공간이 금세 함성으로 가득 찼다.

어느 정도의 공간이었느냐 하면, 동방신기 5명이 나란히 선 좌우 폭이 '2m'라고 했을 때 무대의 좌우 끝에서 끝이 약 '4m' 밖에 안 되는 폭이었다.(알겠는가?) 무대 앞 뒤 폭은 훨씬 좁은 '3m' 정도였다.

또 내가 무대에서 얼마나 가까웠는가 하면, 바로 앞에서 2번째 줄이었다. 약간 넓은 보폭으로 네 발짝 앞으로 걸어가 팔을 뻗으면 유천의 무릎에 닿을 정도였다. 무대의 높이도 그 정도밖에 되지 않았다.(냉정하게 설명하려고 하지만 쉬

운 일이 아니다.)

드디어 〈주문—MIROTIC〉이 꺼지고 회장의 조명이 꺼졌다. 그러자 무대 안쪽 중앙에 있던 커튼 뒤로 멤버들의 그림자가 보이기 시작했다. 5명이라는 건 희미한 어둠 속에서도 알 수 있었다. 얼마 안 있어 그들이 춤을 추기 위해 자세를 낮추고 있다는 것도 알 수 있었다.

그 순간, 툭탁, 툭탁 하는 〈주문—MIROTIC〉이 나오고 팟! 하는 불빛과 함께 재중이 나타났다.
갑자기 무대가 밝아진 순간,

꺅~ 너무 가까워~~.

이렇게 가까운 곳에서 동방신기를 본 건 처음이었다. 서울 콘서트에서도 꽤 가까이서 보긴 했지만 이마 정도의 높이에 있었기 때문에 무대를 올려다보는 느낌이었다. 하지만 이번에는 팔을 뻗으면 무릎에 닿을 정도로 가까웠다. 상상하기 어려운 거리였다.(물론 하이타치 회장에서도 가까운 거리에서 보긴 했지만 이번에는 5명 전부다.) 사람 크기의 패널 근처에만 가도 가슴이 두근거리는데 눈앞에 진짜 동방신기가 있는 것이다. 당연히 노래도 라이브로 불렀다. 쓰러질 것 같았지만 필사적으로 견뎠다.

행운의 MIROTIC PARTY **119**

〈MIROTIC〉 PV의 걸쭉한 색상의 배경 색을 그대로 표현하고 싶어서 고생을 좀 했다. 이것이 가능해진 뒤부터는 크리스마스 버전, 페이지 구석에 악센트를 줄 때 사용하던 선화(線畵) 등 여러 가지를 응용해서 그려보았다. 매우 독특한 춤이다.

이 작은 공간에서 동방신기가 춤을 추고 자리를 바꿔 가며 노래를 불렀다. 무대가 좁아 프로모션 비디오에 비하면 동작은 다소 작았지만 그래도 나름대로 꽤나 자극적인 〈주문—MIROTIC〉이었다. 감동을 주기에 전혀 손색이 없었다.

그중에서도 가장 심장을 두근거리게 한 것은 5명이 춤을 출 때 둥둥! 하고 울리는 발자국 소리였다. 아무리 볼륨을 높여도 DVD로는 스텝 밟는 소리는 들을 수가 없다. 당연히 콘서트에서도 스텝 소리가 들릴 만한 거리에는 앉아본 적도 없다. 리듬에 딱 맞는 스텝 소리는 소름이 끼칠 정도로 박력 있었다. 온몸에 전율이 느껴졌다.

줄을 서서 기다리는 동안 옆 사람들과 "주문 MIROTIC의 응원 구호를 일본어로 뭐라고 할까? '컴 온 컴 온' 정도는 할 수 있겠지!"라고 이야기했던 건 까맣게 잊은 지 오래였다. 너무나 가까운 거리에 있어서 입을 다물지 못하고 그저 바라볼 수밖에 없었다.

그들은 노래 한 곡이 끝나자 커튼 속으로 사라져 버렸다. 의상은 5명의 것이 미묘하게 조금씩 달랐지만 전부 블랙이었다.

그 뒤 사회자(이름은 잊어버렸다. 유명한 분이라면 죄송)와 동방신기 팬들에게는 익숙한 민실 씨가 등장하고, 멤버 5명도 다시 등장했다. 분명 신곡에 관한 이야

기를 했던 것 같은데 무슨 말을 했는지는 기억나질 않는다. 미안하지만 눈앞에 있는 멤버들이 너무나 멋져 멍하니 바라보느라 그랬다. 어렴풋이 떠오르는 내용은 〈주문—MIROTIC〉은 한국에서 발매한 4집 앨범의 타이틀 곡으로, 어제 일본 어판으로 발매가 시작되었다는 이야기였던 것 같다.(흘려 들어서 그런 게 아니다.)

그리고 드디어 이번 메인 기획 '결정적인 대사 한 마디 대결'이 시작되었다. 응모한 결정적 대사 중에서 좋은 것을 골라 그것을 보낸 사람에게 멤버가 직접 말해 주는 이벤트였다. 맨 처음에는 가위 바위 보로 대사를 말할 순서를 정했다. 1번 창민, 2번 준수, 3번 유천, 4번 윤호, 5번 재중순이었다. 한 사람씩 카드를 뽑는 동시에 무대 앞에서는 그 대사를 쓴 사람이 불려졌다.

바로 내 앞에 있던 사람과 왼쪽으로 옆옆 사람, 바로 뒤에 있던 사람이 불려 나갔다. 나는 매우 긴장했다. 하지만 내 이름은 호명되지 않았다.(내가 쓴 대사는 뽑히지 않았다. 죄송합니다.) 솔직히 당첨 번호를 봤을 때는 약간 가능성이 있지 않을까 하고 생각했었다. 예상은 하고 있었지만 뽑히지 않아서 다행이었다. 나는 사람들 앞에 나가면 말을 잘 못하기 때문이다.

내 바로 앞에 있던 사람은 뽑혀서 불려 나간 뒤 원래 자리로 돌아오지 않았다. 그래서 자동적으로 나는 끝날 때까지 맨 앞에서 볼 수 있었다.

그때의 나는, 누가 어떤 대사를 했는지 정확히 기억할 만한 상태가 아니었

Merry Christmas!

블로그를 크리스마스 분위기로 꾸미고 싶어서 그려 보았다. 전부 산타로 그릴 생각이었지만 그렇게 하면 왠지 재미가 없을 것 같았다. 그래서 예전에 '풍선'에서 사슴 담당이었던 창민을 똑같은 사슴과인 순록으로 그려 봤다. 한국에서는 '루돌프'라고 부르며 캐럴을 부른다. 코가 빨간 순록의 이름이다.

다. 괜히 틀리거나 하면 미안하니까 여기에 쓰지는 않겠다.(죄송) 첫 타자였던 창민은 엄청나게 땀을 많이 흘렸다. '길다'고 투정을 부리면서도 수줍게 대사를 읽어 나갔다. 준수가 뽑은 대사는 '이거 CM 대사 같은데?' 하는 생각이 들 정도로 독특했고, 그 덕분에 장내의 분위기도 화기애애해졌다. 두 사람이 그렇게 하고 있는 동안 유천은 뒤에서 계속 종이를 보며 연습을 하고 있었다. 연습을 한 덕분인지 감정을 듬뿍 실어 리얼하게 읽어 나갔다. 윤호는 짧고 남자답게 '결정적인 한 마디!!'의 느낌으로 대사를 읽었다. 그러자 '와~' 하는 탄성이 울려 퍼졌다. 재중은 "불량스럽게 읽어 볼까요?"라고 했지만 그 모습은 너무 멋졌다.

1등은 5명 중에서 가장 '좋았다'고 생각되는 멤버에게만 박수를 쳐서 뽑기로 했다. 가장 많은 박수를 받은 사람은 다름 아닌 연습까지 했던 유천이었다. 반면 가장 적었던 사람은 창민이었다. 창민은 벌칙으로 무대에 혼자 남아 '영국 여성들이 듣고 싶은 유혹하는 말 워스트 5'를 읽는 처지가 되었다. 그것도 무대 가장 앞에서.

창민은 비가 오듯 땀을 흘렸다. 그러면서 "당신은 낚시를 잘하는 것 같아. 왜냐면 나를 낚았으니까!" 하는 수준의 대사를 5개나 읽어야 했다.(불쌍하기도 하고 귀엽기도 하고.)

그때 나머지 4명은 무대 옆에 있는 나선형의 계단에 올라가 있었다. 위에서 내려다보고 있으라는 사회자의 말대로 그곳에 서서 웃으며 지켜보고 있었다. 나는 이 '4명이 계단에 앉아 아래를 내려다보는 모습'에서 눈을 떼지 못했다. 뭐라고 표현해야 할까? 멋진 재킷 사진이 나올 것 같은 풍경에 한숨이 저절로 나왔다.

토크가 끝나자 신기하게도 무대는 그대로 기자 회견장으로 변했다. 신문 기자들이 여러 기자재와 카메라를 무대(몇 번을 말하지만 좁았다.) 위에 올려놓았다. 세팅이 끝나자 무대 안쪽 중앙에 5명이 나란히 앉았다. 그리고는 인터뷰인지 촬영인지 모를 행사가 시작되었다. 우리는 객석에서 무대 위에 있는 신문 기자들의 엉덩이만 보고 있었다. 간혹 그들 사이로 멤버들의 얼굴을 엿보는 정도였다.

마이크를 사용하지 않아서 무슨 이야기를 하는지 모두 알 수는 없었다. 하지만 "너무 바빠서 내가 하나 더 있었으면 좋겠다."는 재중의 말에 가슴이 아팠다.

기자 회견 다음은 기념 사진 촬영이었다. 신문 기자들이 무대 안쪽으로 이동하고 5명이 무대 앞 쪽 끝으로 왔다. 우리를 배경으로 기념 사진을 찍으려는 것이었다. 5명이 섰고, 나는 윤호 바로 뒤에 서게 되었다. 카메라에 찍히지 않아

서 다행이라고 생각한 순간, "멤버 여러분들은 약간 쭈그리고 앉아 주세요!"라고 하는 것 아닌가. 카메라에 찍히고 싶진 않았지만 쭈그리고 앉은 5명이 잠깐씩 뒤돌아보는 모습을 놓치고 싶지 않았다.(ᵔ) 다음주쯤 미용실이나 치과에 가면 아는 사람들이 "거기 갔다 왔어?"라고 할까 봐 식은땀이 흘렀다.(취재 기자의 완장에는 주간지 이름도 적혀 있었다.)

그 뒤, 그들은 마지막 곡으로 〈어째서 너를 좋아하게 된 걸까?〉를 불러 주었다. 행복에 겨운 말 같지만, 제발 이런 말을 하더라도 용서해 주길 바란다. 맨 앞줄에 앉았더니 오히려 너무 가까워서 그들을 제대로 볼 수가 없었다. 똑바로 볼 수가 없었던 것이다. 댄스곡은 자리를 바꿔 가며 움직이기 때문에 5명을 고루고루(물론 약간의 차이는 있지만) 볼 수 있다. 그러나 발라드 곡을 부를 때는 전혀 움직이지 않기 때문에 '3보(자리가 앞당겨져서)' 걸어서 앞으로 나란히 하면 정강이가 닿는 곳'에서는 유천만이 계속 서서 노래를 부르는 것이었다.

이 곡을 마지막으로 "고맙습니다. 동방신기였습니다. 비기스트 사랑해요!"라고 말하며 그들은 퇴장했다.

정말 살아 돌아갈 수 있었던 게 신기할 정도다. 아직도 마취에서 풀리지 않은 듯, 감각이 없는 몸을 이끌고 전철을 탔다. 집과 가장 가까운 역에 도착하자마자 마취가 풀렸다. 아직 길들여지지 않은 구두 때문에 왼쪽으로 굽어 버린 엄

먼 거리를 마다하지 않고 연애 중인 창민이 크리스마스에 돌아오는 만큼 순자는 집에서 콧노래를 부르며
준비하고 있다. 필수적으로, 메뉴에는 히츠마부시가 들어가야 한다. 준수가 멤버들에게 '원조(여자 역의)'
를 보여 주겠다고 했는데, 순자는 진짜로 이런 여자 아이가 있는 거 아닌가 하는 생각이 들 정도로 존재감
이 있는 캐릭터였다.

지발가락이 갑자기 아파서 비명을 질렀던 것이다. 이것만은 기억할 수 있다.

평생의 운을 다 써 버린 것 같은 1시간이었다.

Special thanks to TVXQ

내 이메일 착신음은
순자의 목소리다.
(친구의 역작)

히츠 마부시 먹고
시간 때웠으니까
괜찮아용~

힘내~
파이팅!

끝나면
라이브야!!

이런 비탈길을 내려가는 나에게
동팬 친구에게서 상냥하고 따뜻
한 응원의 이메일이 날아왔습니
다. 힘이 났습니다. 정말로 고맙습니다.

이 책을 출판하기까지 뒤에서 도와주신 호사카를 비롯한 편
집부 모든 식구들, 디자이너, 친구, 나의 어깨 결림을 고쳐 주
신 마사지 선생님, 그리고 내 주변에 맴도는 살기를 멀리서
지켜봐 준 가족들에게 감사드립니다.(MKMF 수상 멘트 같다.)

후기

이 책을 읽어 주신 모든 분들께 감사드립니다. 태어나서 처음으로 책을 썼답니다. 편집장님께 자전거 타는 방법을 배우는 것 같은 수고를 끼쳤어요. 실제로 뒤에서 잘 잡아 주셨다고 생각하는 순간, 멀리서 "3페이지 더 부탁해."라고 말해서 무척이나 스릴을 느낄 수 있는 시간이었습니다.

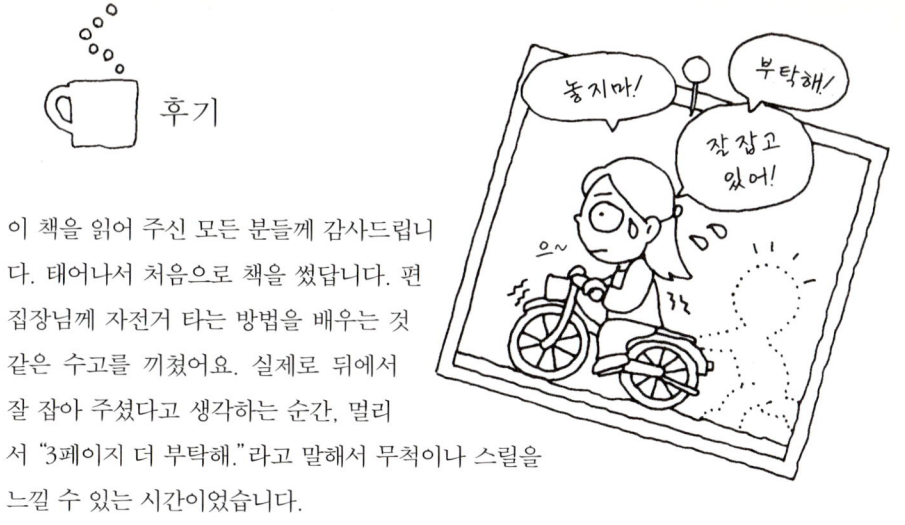

평소의 저는 책을 서포트하는 쪽입니다. 작가가 쓴 글을 보고 그림을 그리는 것이 본업입니다. 다시 말해, 자전거를 타는 사람의 옆에서 부채를 들고 응원하는 것과 비슷한 것입니다. 그런 제가 자전거를 타게 될 줄은 꿈에도 몰랐습니다.

부정적인 성격의 소유자인 저는 한번 타기 시작하면 책의 미래를 걱정하고 좋지 않은 쪽으로만 상상을 해서 오직 비탈길을 내려가게 됩니다. 이해해 주세용~